S ICHUAN U NIVERSITY

杠杆约束

对中国经济波动的影响

程翔　邓翔 ＿＿＿ 著

S CHOOL O F

I NTERNATIONAL S TUDIES

四川大学出版社
SICHUAN UNIVERSITY PRESS

图书在版编目（CIP）数据

杠杆约束对中国经济波动的影响 / 程翔，邓翔著 .
成都：四川大学出版社，2025. 5. -- （四川大学国际关
系学院学术文库 / 李志强主编）. -- ISBN 978-7-5690
-7443-7

Ⅰ. F124.8

中国国家版本馆 CIP 数据核字第 2025R3H237 号

书　　名：杠杆约束对中国经济波动的影响
　　　　　Ganggan Yueshu dui Zhongguo Jingji Bodong de Yingxiang
著　　者：程　翔　邓　翔
丛 书 名：四川大学国际关系学院学术文库
丛书主编：李志强

丛书策划：刘　畅
选题策划：刘　畅
责任编辑：刘　畅
责任校对：敬雁飞
装帧设计：墨创文化
责任印制：李金兰

出版发行：四川大学出版社有限责任公司
　　　　　地址：成都市一环路南一段 24 号（610065）
　　　　　电话：（028）85408311（发行部）、85400276（总编室）
　　　　　电子邮箱：scupress@vip.163.com
　　　　　网址：https://press.scu.edu.cn
印前制作：四川胜翔数码印务设计有限公司
印刷装订：成都金龙印务有限责任公司

成品尺寸：170 mm×240 mm
印　　张：12
字　　数：228 千字

版　　次：2025 年 5 月 第 1 版
印　　次：2025 年 5 月 第 1 次印刷
定　　价：68.00 元

扫码获取数字资源

四川大学出版社
微信公众号

前　言

随着现代金融业的发展，加杠杆行为在经济活动中日益普遍，与之相伴的是逐步上升的宏观杠杆率。杠杆是衡量经济主体负债水平的重要指标，也是一把双刃剑。一方面，在安全的债务规模水平下，杠杆的提高对于提升经济主体的融资能力有一定的促进作用，即适度的杠杆率能够提高资金配置效率，推动经济朝着平稳方向发展。另一方面，如果经济主体的杠杆使用不当，则可能加剧风险集聚，引起经济泡沫，甚至会进一步导致债务危机。自 2008 年全球金融危机爆发后，世界各国开始高度关注发达国家"去杠杆化"以及随之而来的主权债务风险提高、经济增速放缓等现象。基于此背景，我国将去杠杆的成效作为衡量供给侧结构性改革程度和金融风险防控效果的重要评价指标。当前阶段，我国结构性去杠杆工作取得了一些积极进展，如债务风险趋于下降、经济增长动能有所回升等。但仍需看到，目前我国宏观杠杆率依然处于相对较高水平，金融风险的防控难度仍然较大。此外，中美贸易摩擦持续发酵等外部环境也给我国去杠杆工作带来了极大的不确定性与潜在风险。

基于此，本书以主流经济学理论为基础，以中国杠杆的宏观经济效应为研究对象，在综合分析国内外相关文献的基础上，立足于当前中国经济发展的实际情况，系统地研究了杠杆约束对中国宏观经济波动的影响，提出、分析并解决我国杠杆约束与宏观经济波动的相关问题，对宏观经济运行的本质有了更深刻的理解。本书的研究内容主要包含三个方面：

首先是对杠杆率水平和经济波动情况的刻画获得相关典型事实。一是通过刻画不同部门杠杆率水平以及对比中国和世界主要经济体之间杠杆率水平的差异来得到相关的典型事实；二是以 GDP 增速和人均 GDP 增速为衡量指标，刻画中国经济波动的基本情况；三是对比中国和世界主要经济体之间的经济波动差异，对中国的宏观经济有全面的认识。相关的典型事实为后文理论建模和实

1

证分析奠定基础。

其次是理论模型建立和数值模拟分析。本书的第 4 章到第 7 章从同质性模型出发，通过不断放松经济假设，分别构建了异质性家庭模型、异质性企业模型以及两部门异质性模型，通过与微观数据相匹配，展现了在杠杆率约束下，不同部门主体对宏观经济的影响，并为宏观经济政策的制定提供了全新的视角。其中，第 4 章是本书的基准模型，通过对基准模型的稳态值进行静态分析，改变企业的杠杆率水平，比较不同变量稳态值的变化，从而探究了企业杠杆率变化对总产出产生影响的作用机理。第 5 章在基准模型的基础上，引入家庭部门的异质性，即将家庭部门分为储蓄型家庭和借贷型家庭，研究杠杆约束与经济波动之间的关系。通过数值模拟发现，经济体的衰退是由银行遭受的损失引发的，并且这种衰退会由于银行无法将信贷提供给实体部门而加剧。当银行持有的资本金低于监管要求时，银行的损失会要求通过注资或去杠杆化等方式弥补。通过去杠杆化，银行将最初的冲击转化为信贷约束，并且通过对企业部门的放贷将冲击进一步放大并扩散到实体经济中。第 6 章在基准模型的基础上，从企业背景角度出发，引入企业的异质性。综合现有文献对国有企业和非国有企业的区别，本书从三个方面刻画国有企业和非国有企业的区别：一是国有企业相对于非国有企业来说生产效率较低；二是与非国有企业相比，国有企业的融资约束较小；三是国有企业的社会责任中既有非经济目标的内容，也有经济目标的内容，国有企业应该比民营企业承当更多的社会责任。通过数值模拟分析发现，当经济体受到实体部门的再分配冲击时，总产出会呈现正向变化，这是因为当实体经济部门获得更多的社会资本后，可以用于扩大生产，从脉冲反应图中可以看到，当实体经济部门获得更多的社会资本后，社会总资本上升，投资总量也上升，因此社会总产出增加。进一步分析后发现，总产出受到非国有企业部门再分配冲击的影响更大。第 7 章在前两章的基础上，综合考虑异质性家庭部门和异质性企业部门的情况，通过数值模型分析后发现，面对家庭部门的杠杆率冲击，银行将资金更多地贷向家庭部门，造成流入实体生产部门的资金减少，社会总投资下降，因此总产出也会下降，而实体经济部门受到杠杆率冲击后可以获得更多的社会资本，使得社会总资本上升，投资总量也上升，因此社会总产出增加。

最后是杠杆率与经济波动的实证研究。本书利用 1996 年第一季度至 2018 年第四季度的中国宏观经济数据，通过构建结构向量自回归模型，对中国不同部门杠杆率水平与经济波动之间的动态关系进行实证检验。结果表明：①家庭部门和非金融企业部门的杠杆率与经济波动均呈现顺周期性变化。②家庭部门杠杆率变化对经济波动的影响不显著。可能的原因在于：由于我国居民储蓄率水平偏高，相较于企业部门和政府部门而言，家庭部门的杠杆率总体水平较低，并且与世界其他主要经济体相比，我国家庭部门杠杆率水平仍然较低，因此对经济波动的总体影响力和解释能力较弱。③非金融企业部门的杠杆率变化会加剧经济的波动。可能的原因在于：一方面，在经济结构转型以及全球经济下行的特殊时期，政府部门采取的债务扩张政策会导致通货膨胀增速与真实GDP增速的边际效果减弱，从而导致中国非金融企业杠杆率的上升；另一方面，由于我国非金融企业对外部融资的依赖性高，外部的冲击对企业影响的效果会通过信贷市场的作用被进一步放大，因此非金融企业的投资规模进一步缩小，从而造成实体经济出现更大的波动。

本书的贡献之处主要包括以下三个方面：

（1）构建两部门异质性主体模型，分析杠杆约束对中国经济波动的影响。已有研究要么仅考虑家庭部门的异质性（储蓄型家庭和借贷型家庭），要么仅考虑企业部门的异质性（国有企业和非国有企业），而同时考虑家庭部门和企业部门异质性的研究不多。就家庭部门而言，随着消费贷款在我国的快速发展，家庭部门的借贷比例不断上升，货币政策调控的信贷渠道对家庭部门决策产生了非常明显的影响，因而在有关杠杆率模型中，区分家庭部门异质性是十分必要的。从企业部门来看，在国有企业中，一方面，由于其具有雄厚的国有背景，在银行贷款方面具有天然优势；另一方面，正是因为国有企业的特殊背景，其承担的社会责任比非国有企业更大。因此，如何刻画不同类型企业之间的关系以及受到杠杆约束的影响，需要进一步讨论。基于此，本书同时考虑家庭异质性和企业异质性，建立的模型更加契合中国经济的发展现状，所得到的结论和政策建议更具准确性和针对性，在一定程度上是对既有研究的一个重要补充。

（2）将主流DSGE模型的分析范式与实证分析有机结合，不断细化杠杆约束对中国经济波动的冲击类别，为更精准地制定宏观政策提供理论参考。本书基于中国经济的现实问题，不断放松经济假设，分别构建了异质性家庭模型、异质性企业模型以及两部门异质性模型，通过与微观数据相匹配，展现了在杠杆约束下，不同部门主体对宏观经济的影响。DSGE模型分析框架对研究现实经济的结构性特征具有显著的优越性，与传统的计量经济模型研究相比，本书在坚实的微观经济理论基础上对宏观经济问题进行研究，使得本书的理论模型在逻辑上更具有严谨性和一致性。同时，构建SVAR模型，将理论模型与实证检验相结合，进一步对理论模型的结果进行验证，有助于更好地理解政策传导机制，丰富和拓展政策分析的研究工具，为宏观经济政策的制定提供全新的视角。

（3）对中国经济运行中的结构性问题进行刻画，在一个完整的理论框架下分析经济结构调整在短期波动中的作用。现有的国内研究大多简单套用国外研究中的经济模型，采用国内的经济数据对中国经济问题进行研究，且传统的同质性模型缺少对现实经济运行中存在的结构性矛盾的探讨，所提出的政策手段也是偏向于传统总量型的需求侧管理。本书完全从中国经济现状出发，旨在对中国杠杆约束问题进行分析和解决。首先提炼出杠杆约束、家庭异质性与企业异质性等三个重要的经济特征和要素，在充分考虑这些特征和要素的基础上，建立了异质性主体模型。通过引入储蓄型家庭部门和借贷型家庭部门以及国有企业部门和非国有企业部门，对中国经济中一直存在的结构性问题进行了详细描述和刻画，因此能在一个完整的理论框架下分析经济结构性调整在短期波动中发挥的作用，并将政策研究和探讨拓展至供给侧结构性改革层面，有利于更好地厘清中国杠杆约束与经济波动的关系。

本书共有9章，其中第3章为邓翔教授所著（约1万字），其余部分由程翔完成。感谢成都大学黄志博士对本书的写作提供很多宝贵意见。还要感谢本书所引论文和论著的所有作者以及相关出版单位。本书的研究是在汲取前人研究基础上完成的，感谢你们的智慧为本书的研究提供了大量的借鉴材料。

尽管著者殚精竭虑，但书中难免存在错误和不足之处，敬请各位专家学者和同行给予批评指正。

程　翔
于四川大学

目　　录

1　导　论 …………………………………………………………（ 1 ）

1. 1　研究背景和意义 …………………………………………（ 3 ）

1. 2　国内外研究现状 …………………………………………（ 7 ）

1. 3　研究内容、方法和框架 …………………………………（ 14 ）

1. 4　研究创新点与不足 ………………………………………（ 18 ）

2　概念界定与理论基础 ……………………………………（ 21 ）

2. 1　概念界定 …………………………………………………（ 23 ）

2. 2　经济周期理论 ……………………………………………（ 26 ）

2. 3　杠杆周期理论 ……………………………………………（ 29 ）

2. 4　金融加速器理论 …………………………………………（ 30 ）

2. 5　本章小结 …………………………………………………（ 32 ）

3　杠杆率与经济波动的典型事实 …………………………（ 35 ）

3. 1　杠杆率水平的度量 ………………………………………（ 37 ）

3. 2　经济波动的刻画 …………………………………………（ 42 ）

3. 3　本章小结 …………………………………………………（ 44 ）

4　杠杆约束与经济波动的基准模型 ………………………（ 45 ）

4. 1　模型构建 …………………………………………………（ 47 ）

4. 2　模型求解 …………………………………………………（ 51 ）

4. 3　稳态分析 …………………………………………………（ 54 ）

4. 4　本章小结 …………………………………………………（ 57 ）

5 家庭异质性、杠杆约束与经济波动 ·············· （59）

　5.1 理论模型 ·························· （61）

　5.2 模型稳态求解 ·················· （69）

　5.3 数值模拟分析 ·················· （72）

　5.4 本章小结 ······················ （79）

6 企业异质性、杠杆约束与经济波动 ·············· （81）

　6.1 理论模型 ·························· （84）

　6.2 模型稳态求解 ·················· （91）

　6.3 数值模拟分析 ·················· （94）

　6.4 本章小结 ······················ （104）

7 两部门异质性、杠杆约束与经济波动 ·············· （107）

　7.1 理论模型 ·························· （109）

　7.2 模型稳态求解 ·················· （119）

　7.3 数值模拟分析 ·················· （122）

　7.4 本章小结 ······················ （135）

8 杠杆率与经济波动的实证检验 ·············· （137）

　8.1 研究基础 ·························· （139）

　8.2 家庭杠杆率与经济波动的实证检验 ·············· （143）

　8.3 企业杠杆率与经济波动的实证检验 ·············· （150）

　8.4 进一步分析 ···················· （158）

　8.5 本章小结 ······················ （158）

9 结论与展望 ···························· （161）

　9.1 主要结论 ·························· （163）

　9.2 主要建议 ·························· （165）

　9.3 后续研究展望 ·················· （168）

参考文献 ·························· （169）

1 导 论

1.1　研究背景和意义

1.1.1　研究背景

自 2008 年全球金融危机爆发后，世界各国开始高度关注发达国家"去杠杆化"以及随之而来的主权债务风险提高、经济增速放缓等现象。为了应对金融危机对经济造成的冲击，大规模的经济刺激计划在各国开始实施。与此同时，居民、企业以及银行等部门的杠杆率水平也在不断上涨。杠杆率作为衡量各经济体负债水平的重要指标，其变化与经济主体的周期波动、货币信贷环境等紧密相连，具有显著的顺周期性特征，即杠杆周期。杠杆率是一把双刃剑，一方面，在安全的债务规模水平下，杠杆的提高对于提升经济主体的融资能力有一定的促进作用，即适度的杠杆能够提高资金配置效率，推动经济朝着平稳方向发展。另一方面，如果经济主体对杠杆使用不当，极有可能加剧风险集聚，引起经济泡沫，甚至会进一步引发债务危机，造成全球经济的衰退。国家资产负债表研究中心的数据显示，截至 2020 年 9 月，我国实体经济部门杠杆率高达 270.1%，相比 2008 年末提高了 129%。其中居民部门杠杆率为 64.1%，相较于 2008 年末上升了 46.2%；非金融企业部门的杠杆率从 95.2% 攀升到 164%；而金融部门杠杆率上升 28%，达到 55.6%[①]。从中可以看到，

---

① 数据来源：国家资产负债表研究中心，http://114.115.232.154:8080/。

不同经济部门的杠杆率均显著提升，其中非金融企业部门的杠杆率畸高且上升较快，而政府部门中地方政府的杠杆率增长显著。

基于此背景，去杠杆的成效已成为衡量我国供给侧结构性改革程度和金融风险防控效果的重要评价指标。党中央在十八届五中全会上明确提出了"降杠杆率"的总目标。2015年，在中央财经领导小组会议中第一次提及供给侧结构性改革。同年末，中央召开经济工作会议，指出在实行供给侧结构性改革的过程中，最关键、最主要的任务是"去杠杆"。2016年，中央在召开经济工作会议时强调，"去杠杆"的首要前提是对总杠杆率进行控制，将企业降杠杆率作为重点工作进行推进。① 2017年，中央召开第五次全国金融工作会议，特别指出，要对国有企业降杠杆引起高度重视，采取科学合理的手段对"僵尸企业"进行处理②，同年，中央在召开经济工作会议时强调，要认真落实供给侧结构性改革，提升新动能成长速度，推动制造业转型升级，将"三去一降一补"作为重中之重。③ 党的十九大报告提出，我国经济已不再朝着高速增长的趋势发展，而是更加注重高质量发展，在新历史时期提出三大攻坚部署战略，最关键、最重要的任务是对重大风险进行化解和防范。④ 2018年，中央召开政治局会议，对经济工作进行全面部署，采取行之有效的措施对宏观杠杆率进行控制，将金融行业重大风险的化解和防范作为重中之重，最终实现结构性去杠杆。一系列的战略部署足见党中央对于当前国内杠杆率可能会涉及的问题的担忧以及去杠杆的决心。

从目前来看，我国已在结构性去杠杆方面取得积极进展，债务风险趋于下降，经济增长动能有所回升。2019年的经济工作会议的重点已从"去杠杆"转变为"稳杠杆"。但现阶段，我国经济的总体杠杆率水平，尤其是非金融企业部门的杠杆率水平仍居高不下，防控金融风险的难度依然较大，这些情况值得被关注和讨论。此外，中美贸易摩擦持续发酵等外部环境也给我国去杠杆工作带来了极大的不确定性与潜在风险。基于此，本书尝试以主流经济学理论为基础，结合历次杠杆危机，重点研究我国杠杆率对宏观经济产生的影响。在对国内外文献资料综合分析的基础上，深入探究杠杆约束对我国宏观经济波动产

---

① 详见：http://finance. people. com. cn/n1/2016/1216/c1004 - 28956355. html
② 详见：http://finance. ifeng. com/a/20170716/15532710_ 0. shtml
③ 详见：http://www. cs. com. cn/xwzx/201712/t20171221_ 5633688. html
④ 《习近平：决胜全面建成小康社会 夺取新时代中国特色社会主义伟大胜利——在中国共产党第十九次全国代表大会上的报告》，中华人民共和国中央人民政府网，https://www. gov. cn/zhuanti/2017 -10/27/content_ 5234876. htm.

生的影响，提出具有建设性的意见，以期更好地为宏观经济运行提供理论支撑。

1.1.2 研究意义

本书在主流宏观经济理论和研究范式的基础上，立足当前中国经济发展的实际情况，提出、分析并解决我国杠杆约束与宏观经济波动的问题。对于杠杆约束与经济波动的研究，如果忽视我国经济发展的实际问题，只是简单套用西方的经济理论和研究结论，并将其作为制定和执行宏观调控政策的依据，不免纸上谈兵，甚至可能造成严重的经济后果。因此，本书将主流宏观经济理论和研究范式与当前中国经济发展实际相结合，通过构建异质性主体宏观模型，匹配微观经济数据，剖析在杠杆约束下不同部门主体对宏观经济的影响，并为宏观经济政策的制定提供了全新的视角。本书对杠杆约束与中国经济波动进行深入系统的研究，具有理论和现实两方面的重要意义。

1.1.2.1 理论意义

（1）追踪学术前沿，运用异质性主体宏观模型对现实经济运行进行刻画。

微观主体和微观数据是异质性主体宏观模型建立的基础，理论模型与微观数据的紧密结合能对现实经济进行更好的刻画。Yellen（2016）强调，经济主体的异质性特征是理解宏观经济动态变化的重要因素。现阶段，我国市场化改革进程仍在不断推进，家庭部门的差异性越来越多地体现在财富、收入和消费等方面，并且民营企业的壮大也带来国有企业和非国有企业之间的差异，如对劳动力的需求、在融资方面的约束条件和生产效率等，差异非常显著。所以，在我国宏观经济的发展过程中，异质性模型在制定宏观经济政策的过程中具有至关重要的作用。基于此，本书从同质性模型出发，通过不断放松经济假设，分别构建了异质性家庭模型、异质性企业模型以及两部门异质性模型，通过与微观数据相匹配，展现了在杠杆率约束下，不同部门主体对宏观经济的影响，并为宏观经济政策的制定提供了全新的视角。

（2）理论联系实际，丰富和拓展了政策分析研究工具。

本书以动态随机一般均衡（DSGE）模型为研究工具，在梳理现有文献的基础上，进一步引入中国经济波动与分部门杠杆率的特征，丰富和拓展了政策分析工具。同时，本书还结合结构向量自回归模型（SVAR），将数据与模型相结合，进一步对理论模型研究结果进行验证，有助于更好地理解我国的政策传导机制，丰富和拓展政策分析的研究工具。

1.1.2.2 现实意义

（1）立足中国实情，梳理了不同部门杠杆率的发展历程和发展现状。

本书对宏观杠杆率和微观杠杆率进行界定，并通过实际数据，梳理了我国不同部门杠杆率的发展历程和现状，并对比了中国和世界主要经济体之间杠杆率的差异。通过对比发现，我国杠杆率总体呈现上升趋势，但不同部门间杠杆率水平存在差异。其中，居民部门的杠杆率水平从2008年底的17.9%一路上升到2019年第二季度的55.3%，增长3倍有余，迅速上升的居民部门杠杆率值得高度关注，对家庭部门杠杆率提升的原因进行分析，主要是居民短期消费贷款引起的；政府部门杠杆率的变化趋势非常小，基本上处于平稳增长阶段；中国非金融企业部门杠杆率持续上升，截至2019年6月达到155.7%。与金融危机时期的美国（70%）和泡沫破裂期的日本（147.4%）相比，在绝对水平上位于较高水平。中国非金融企业部门杠杆率增速主要是受企业产出减速的影响，供需双侧紧缩对非金融企业部门杠杆率的提升具有重要的推动作用。

（2）基于实际数据，探究经济波动、非金融企业杠杆率的关联性。

利用1996年第一季度至2018年第四季度的中国宏观经济数据，通过构建一个结构向量自回归模型，实证检验了经济波动与中国分部门杠杆率之间的动态关系。此外，本书还探究了不同经济部门的风险概况，借鉴其他国家先进经验，期望发现我国金融体系中的薄弱环节，从而在理论层面上为宏观经济调控政策的制定提供参照，为调控政策制定者提供理论参考。

（3）基于主要结论，可以指导我国宏观调控的政策决策实践。

在本书构建的模型框架下，通过模拟不同政策调控下主要宏观经济变量的波动，为宏观调控提供理论依据。当前中国经济处于高速增长向高质量增长转换的新常态，政策手段也发生了变化，不再以刺激需求侧为主，而是重点关注供给侧结构性改革。在此背景下，对家庭杠杆、金融杠杆、企业杠杆以及政府杠杆分别进行调、控、降、稳，并建立杠杆监控预警机制，可以更好地稳经济、调结构，促进"三去一降一补"等宏观经济政策目标的达成。

1.2 国内外研究现状

1.2.1 杠杆率的测度

学术界普遍认为，金融杠杆的波动是导致金融体系不稳定的一个关键因素（Avgouleas，2015）。Cerra 和 Saxena（2008）、王爱俭和杜强（2017）等的研究表明，金融杠杆率过度持续增长，在显著提升经济波动性的同时，将增加金融体系的系统性风险。然而，盲目地去杠杆，同样会对经济造成危害。例如 Brunnermeier 和 Sannikov（2014；2016）指出，全球次贷危机前期，美国金融机构被动执行去杠杆政策导致资产价格急剧下降，进而引起美国风险积聚和扩大，导致美国持续的信贷紧缩和流动性枯竭，并最终引发全球的经济危机。因此，寻找经济体中的最优杠杆水平是学界和业界普遍关注的焦点。李扬等（2012）的研究表明，虽然当前最优杠杆比率尚无定论，但可能存在阈值，一旦超过阈值将引发金融危机。这一观点得到了包括 Cecchetti 和 Kharroubi（2012）、Law 和 Singh（2014）、马勇和陈雨露（2017）等在内的国内外经济学家的普遍认可，他们认为杠杆率的影响是双向的，存在一个阈值，当杠杆率水平低于这个阈值时，杠杆率的作用是正向的，随着杠杆率的不断提升，会明显促进经济增长，然而一旦经济体的杠杆率水平超过合理的阈值，经济主体利用杠杆率促进经济发展的效果就会受限，甚至还会对经济发展产生阻碍和损害。

截至目前，围绕杠杆率阈值测算的研究较多。学者对于宏观金融杠杆率的衡量一般采用"私人部门信贷与 GDP 的比率"，运用门限模型测算的这一比率与经济增长存在倒 U 型关系（Cecchetti 和 Kharroubi，2012；Arcand 等，2015；Law 和 Singh，2014）。同时，金融杠杆对经济波动的影响也是非线性的（Manganelli 和 Popov，2015；Bencivelli 和 Zaghini，2012；Era 和 Narapong，2013）。对于杠杆率的阈值，需要进行科学的测算，并不是所有的高杠杆都会带来经济危机。例如朱澄（2016）测算发现，私人部门杠杆拐点介于109.80% ~ 127.65%之间，超出这个区域就有可能引发危机。而马勇和陈雨露（2017）在研究过程中发现，当我国私人部门信贷与 GDP 的比值高于148.6%，M2 与 GDP 的比例高于226.9%时，杠杆就会呈现出非线性变化的趋势。他们利用所构建的模型进行分析，认为 2019—2020 年我国宏观杠杆率会进入拐点区域。

然而基于微观视角对杠杆率进行的研究并不多见，对微观金融杠杆率的测算方法也并没有形成一致的观点。就作用机理而言，学者普遍接受的用来计算微观杠杆率的公式包括资产负债率（王国刚，2017）、企业的负债水平与净资产的比值（贺力平和谈俊，2016）等。对宏观杠杆率的波动区间进行合理预测时，重点针对非金融企业展开研究，借助伊藤引理进行预测，得到企业杠杆率的上限阈值（李程、刘天生和祝诗梦，2018；李雪林和唐青生，2018）。

1.2.2　家庭部门杠杆率与经济波动

在经济发展的新常态背景下，家庭部门到底应该"加杠杆"还是"去杠杆"，学者之间并没有形成统一的结论。家庭部门加杠杆是一把双刃剑，有些学者认为家庭部门"加杠杆"的优势更加明显，特别是在经济增长疲软的背景下，家庭部门"加杠杆"可以为家庭部门改善生活条件，帮助家庭部门实现消费升级和福利水平提升，进而在宏观层面上提高资源配置效率，带动资金流向实体经济，促进经济增长（陈洋林等，2019）。刘向耘等（2009）认为，鼓励居民部门适度的加杠杆是有必要的。从长期均衡角度来看，居民部门的消费能力与其资金实力保持动态稳定，居民部门投资渠道的缺失严重制约了其消费升级的能力，因此鼓励居民适度加杠杆对推动经济发展是有意义的。李若愚（2016）研究发现，家庭部门适度的杠杆率在促进消费水平提升的同时，可以改善中国现存的消费水平偏低和投资水平偏高的结构性失衡问题。刘喜和等（2017）的研究结果支持了上述观点，他们进一步指出，家庭部门的适度杠杆率不仅可以平衡结构性失衡、缓解经济下行压力，还能帮助其他部门降低杠杆率水平，为中国实现结构性去杠杆创造有利条件。

然而，潘敏和刘知琪（2018）研究认为，在供给侧结构型改革的背景下，家庭部门的"加杠杆"行为的弊大于利，一方面，家庭部门加杠杆不会对消费水平的提高和消费结构的升级产生直接有效的推动作用；另一方面，家庭部门受到杠杆的作用会加快财富的积累，使得富裕家庭财富增长速度更快，可能会导致富裕家庭越来越富裕，而贫穷的家庭越来越贫穷，从而进一步放大家庭之间的财富差距，扩大社会的不平等（吴卫星等，2016）。何南（2013）、田新民和夏诗园（2016）同样支持上述观点。他们认为，尽管短期内家庭部门加杠杆能够促进社会总体消费水平的增加，但从长远角度来看，不断攀升的家庭部门杠杆会进一步加重家庭部门的债务负担，可能反过来对家庭消费产生抑制作用，对家庭部门的消费产生"挤出效应"，进而阻碍经济的发展，加大经济衰退的可能性（Sutherland 和 Taylor，2012）。刘哲希和李子昂（2018）研究发现，家庭部门加杠杆可能更多的是对居民投机性行为产生刺激。数据表明，与不断上升的家庭部门杠杆率相反，我国预期的居民消费支出水平不但没有扩张反而进一步缩减，这与居民部门加杠杆的初衷相违背，长此以往会推动资产泡沫的形成。Hall（2011）的研究发现，过度的家庭部门负债和不断收紧的信贷约束是 2008 年全球金融危机爆发的原因之一，并且家庭部门债务水平的高低很大程度决定了危机之后的衰退程度（Schularic 和 Taylor，2012），Reinhart 和 Rogoff（2010）、Iacoviello 和 Pavan（2013）等同样认为，过高的家庭部门杠杆率，不仅将会使金融危机后的经济衰退加重，还会带来更严重的经济波动。他们的研究结果表明，美国 75% 左右的产出波动能用家庭债务解释，家庭部门的杠杆率过高是导致美国宏观经济波动的重要影响因素。

对于家庭部门杠杆率高攀不下的原因，学者们的观点较为一致，认为房价上升是家庭部门杠杆率上升的主要原因（Mian 和 Sufi，2011；张晓晶等，2018），并且房价上升可能会从三个方面影响家庭部门的杠杆（周广肃和王雅琦，2019）。首先是房价对家庭杠杆的直接影响。对于一般家庭而言，购买房产需要向银行进行贷款，贷款部分直接体现在家庭部门的负债中，导致家庭部门杠杆的上升。而如果居民预期未来房地产价格仍然会有上涨空间，则会向银行贷出更多资金，为自己的未来和后代提前买房，因此会进一步提高家庭部门的杠杆率水平（Sinai 和 Souleles，2005；Campbell 和 Cocco，2007）。这种情况在中国尤为普遍。陈斌开和李涛（2009）的研究数据表明，住房类负债是中国家庭部门负债的主要组成部分，占到家庭总负债的 92.66%。而其中，受过高中以上教育背景的家庭，这一特点表现得更为明显。其次是抵押条件对家庭杠杆的影响。从抵押贷款的模型可以看到，家庭部门抵押品的价值不仅与银行对抵押物的抵押系数有关，还和房地产的数量和价格有关。当放松借贷约束条件后（如银行提高对未来房价的估算），会提高消费者的贷款动力（Berger 等，2018；Aladangady，2017），尤其是对于已经抵押的住房，如果银行对未来房价保持乐观，会导致抵押资产价格的上升，表明消费者可以从银行借到的资金更多（Ortalo‐Magné 和 Rady，2008），同时也说明家庭部门的杠杆率水平也会进一步提升。最后是投机行为对家庭杠杆的影响。如果房地产价格持续上升，会进一步引发市场的投机行为。如 Chen 等（2016）基于中国上市企业数据分析后发现，如果房地产价格持续上升，会导致企业降低对非房地产行业的投资，转而将更多的资金引入房地产相关行业，从而导致社会资本错配，影响经济的正常运行。而家庭部门也会由于房地产价格的过快上涨而增加投机性房产的需求，从而增加银行的贷款，进而提升家庭部门的杠杆率水平。无论是家庭部门还是企业部门，将大量资金涌入房地产部门中，会造成社会资本不平衡，降低社会全要素生产率，导致房地产泡沫的积累和加剧，进而可能引发宏观经济的剧烈波动。因此，有关监管部门应该密切关注银行非正常增长的家庭贷款，避免出现家庭房贷杠杆对经济波动产生的影响（吴建銮等，2019）。

学者还研究了房价与家庭部门杠杆率之间的关系。魏玮和陈杰（2017）通过研究发现居民杠杆率与房价之间存在显著的非线性关系，短时期内，居民杠杆率可以提高家庭对房屋的需求，但房贷资金机会成本与房贷成本的大小仍然是最终的决定因素。周广肃和王雅琦（2019）经过研究，发现随着住房价格急速增长，会在一定程度上刺激家庭投资型与必需型住房的需求，使得家庭的借贷意愿和风险偏好有所提高，进一步导致家庭杠杆率的急剧攀升。同时，房地产价格和家庭部门杠杆之间还有一定的自增强循环效应（Stein，1995；Lamont 和 Stein，1999）。盛夏等（2021）基于购房动机异质性视角，认为家庭购房的投机性动机是诱发家庭杠杆率攀升的一个重要因素。通过对居民住房按揭贷款数据的实证检验，认为房价升高确实促使非首套房家庭的债务余额和杠杆率增加程度显著超过首套房家庭，表明家庭部门"加杠杆"行为背后存在明显的投机性。

除了房地产因素外，对家庭部门杠杆率产生影响的因素还有许多。如阮健弘等（2020）研究指出，金融发展水平越高、老年人抚养比越大，居民杠杆率提升越快；而少年人抚养比越高则会在一定程度上降低居民杠杆率；尹志超等（2021）研究发现，收入不平等能够显著提高家庭杠杆率。当收入差距提高 10% 时，家庭杠杆率显著提升 4.64%。因此，在宏观去杠杆过程中，要时刻警惕因家庭部门杠杆率上升过快而带来的可能的系统性金融风险，而不能一味地将企业部门和金融部门的杠杆转嫁到家庭部门上来（刘丽娟和江红莉，2020）。

1.2.3　企业部门杠杆率与经济波动

适度的杠杆率有利于公司治理和企业创新（王玉泽等，2019），并且在短期内可能有助于维持经济增长（Cecchetti 等，2011）。可能的原因在于适度的债务杠杆率能够显著降低显性代理成本，对公司治理产生积极的作用（李世辉和雷新途，2008）。然而，何为适度的杠杆率？王玉泽等（2019）指出，对一个企业而言，杠杆率的最佳值为43.01%。也就是说，当债务杠杆率在该阈值之下时，如果企业负债继续增加，企业杠杆就会促进创新的产出投入比，从而产生正向影响，而且还会减少创新风险；如果债务杠杆率高于该安全值，随着企业杠杆率的提升，将带来创新风险的增加。但需要注意的是，2008年，金融危机席卷全球，我国经济整体债务不断增长，企业杠杆率呈现出持续上升的趋势，高于经济合作与发展组织90%的安全杠杆率阈值（李杨等，2012），导致企业蕴含着大量的潜在风险。杠杆率攀升是财政危机、经济泡沫、债务危机的根本原因（Drehmann和Juselius，2014；Drehmann等，2017；Gertler和Hofmann，2018；Korinek和Simsek，2016）。企业的高杠杆率不仅会降低企业的全要素生产率，降低经济的增长动能（Coricelli等，2012），从中长期而言，还会导致失业率提升（Giroud和Mueller，2018），在经济降速换挡时期，出现系统性风险（董小君，2017）。

在经济快速发展的过程中，脱实向虚发展的趋势愈演愈烈，在推行供给侧结构改革的过程中，实体部门"去杠杆"已成为一项重点工作（王桂虎等，2018）。实体部门去杠杆不仅能使自身债务和利息负担降低，也能对系统性区域性金融风险进行防范。尽管国家号召企业"去杠杆"，但信贷市场不完善，仍然存在结构错配、金融摩擦等现象，使得微观企业对资源进行无效率配置（Restuccia和Rogerson，2008；Hsieh和Klenow，2009）。借助跨期投资渠道实现了资本在异质性厂商间的错配，使得企业全要素生产率下降，产出呈现出明显的降低趋势，进而会放大经济波动，使得微观企业的负债端弹性低于资产端，利息端的波动幅度高于收入端，形成了"杠杆率悖论"（Chen和Song，2013；Ai等，2015）。

如何推动企业"去杠杆"？学界认为，主要的措施集中在促进企业技术创新（于博，2017）、改革金融体制（夏小文，2017）、严格控制财政支出和政府赤字（周菲等，2019）等方面。第一，利用货币政策对经济进行调控，可对微观企业杠杆比例产生较大的影响。中央银行制定的货币政策，对企业去杠杆产生了重要的驱动作用（易宪容，2015）。第二，利率市场化能够明显促进企业整体杠杆"去杠杆化"，同时，对长期杠杆、金融杠杆的促进作用非常明显（李华民等，2020）。第三，中国企业的高杠杆率主要来自僵尸企业的高杠杆率（刘莉亚等，2019）。相比于正常企业而言，僵尸企业的很多指标显著偏低，僵尸企业以较低成本占用了大量银行信贷，导致市场信贷资源的配置极度不合理，对企业正常运行产生了严重干扰，对企业正常投资的"挤出效应"

非常明显（谭语嫣等，2017），若不能有效出清僵尸企业，将不利于经济增长，甚至危及金融稳定。

1.2.4 银行部门杠杆率与经济波动

国外关于金融部门对宏观经济影响的早期文献大多集中强调金融摩擦对宏观经济的重要性，忽视了银行本身的作用（Bernanke 等，1999；Kiyotaki 和 Moore，1997；Carlstrom 和 Fuerst，1997）。自金融危机以来，国外学者将研究重点放在银行部门产生的摩擦如何影响信贷流向从而对实体经济造成影响等方面。Christiano 等（2010）对银行在贷款活动中面临的信息不对称和代理问题进行模型分析，通过在模型中加入存款等流动负债产生的成本，分析了银行对实体经济产生影响。但他们在模型中没有考虑到银行部门的杠杆约束。在 Gertler 和 Kiyotaki（2010）、Gertler 和 Karadi（2011）等的观点中，银行以无风险债务的形式借贷，道德风险问题导致杠杆受到限制时，银行家有能力转移一部分存款用于个人使用。他们建立的动态一般均衡模型重点讨论了如何将不利冲击（例如资本质量）通过对银行股本资本的影响从而干预信贷供给，以及非常规的货币政策干预如何减轻这种冲击对经济活动的影响。他们的模型也没有考虑银行本身受到的限制。Galo 和 Carlos（2017）建立的模型表明，银行部门面临的杠杆约束限制了银行本身为高风险活动提供资金的动机（Adrian 和 Shin，2014）。Galo 和 Carlos（2017）的模型同时解释了经济波动造成影响的主要因素在于银行存在高风险债务合约、有限责任以及相关的风险转移激励因素，但无法解释受到资本质量冲击后，银行杠杆效应的顺周期性。

2008 年爆发的金融危机对于国内学者关于银行杠杆率周期的研究有很大的促进作用。目前，国内对银行杠杆率的文献主要集中在对其周期性演变规律及影响作用的实证分析，且结果较为一致，即银行的杠杆率具有顺周期性（刘青云，2015；王倩和赵铮，2018），但不同类型银行之间存在差异（王飞等，2013；项后军，2015）。王飞等（2013）认为，顺周期性是我国银行杠杆率的典型特征，上市银行的该特征非常明显。项后军（2015）的实证结果表明，小型商业银行的顺周期性特征明显强于大型国有商业银行。吴国平（2015）的实证结果验证了上述观点，并进一步指出，在金融危机时期，银行的杠杆率顺周期性更强。但朱凯（2019）则认为金融部门的杠杆周期与金融周期不存在明显的关系，经济波动不一定会导致金融杠杆的波动。

巴曙松（2012）研究表明中国商业银行业务的单一性是杠杆率提升的原

因之一。而杠杆比率又是资产价格泡沫和银行信贷风险产生的关键因素（张睿锋，2009），商业银行杠杆的上升对于商业银行的风险经营有一定的助推作用，同时也提高了系统性金融风险发生的可能性（梁斯、郭红玉，2017）。韩周瑜和陈少炜（2017）通过研究发现，银行系统风险会对金融杠杆、银行盈利能力以及贷款资产率等指标产生正向影响，而对银行规模、流动性比率等指标产生负向影响。何山和彭俞超（2019）的实证研究发现，银行杠杆率对经济增长的影响是动态变化的，即短期内银行杠杆率对经济增长有促进作用，但从长期来看，这种促进作用会受到限制，甚至出现抑制经济增长的情况。黄海波等（2012）研究表明，巴塞尔委员会提出的杠杆约束和资本充足率约束既可能相互补充，也可能相互矛盾。因为尽管银行杠杆约束能在一定程度上对顺周期性起到缓解作用，但会导致银行风险的敏感度下降，极有可能出现监管资本套利的现象。但沈庆劼（2013）认为，银行部门的杠杆约束一方面可以降低由商业银行有限责任制度引起的卖权价值，另一方面也可以提高监管资本套利对商业银行进行惩罚的威慑力，因此，实际上杠杆约束对监管资本套利有一定的抑制作用。

国内文献对杠杆率的决定及作用机制的研究主要集中在信贷扩张中有关抵押品相关作用等领域。如王飞等（2013）认为，银行杠杆率支撑了银行资产负债表中的资产和负债的扩张。吴国平（2015）的研究支撑了上述的观点，认为银行的规模和流动性与杠杆率存在正向关系，盈利能力和存贷比则与杠杆率存在负向关系。但实际上，我国上市商业银行杠杆率对经营绩效会产生负向影响。而不同类型银行的杠杆率与经营绩效的关系也会存在差异（刘信群、刘江涛，2013）。

1.2.5　文献述评

通过对文献的梳理，本书厘清了不同部门杠杆率的形成机制和对宏观经济影响的途径。现有对杠杆率的研究文献主要集中在两类：一类是通过 SVAR 等计量方法进行实证研究，另一类是通过构建动态一般均衡模型（DSGE）进行理论分析。在当前的宏观杠杆率的实证研究中，利用传统计量经济学方法如回归分析，会受到数据可得性的影响，在无法提供充足数据的领域不能开展研究工作。除此之外，利用这类计量模型很难及时、高效地模拟政策和测算政策效率，DSGE 模型的运用能在一定程度上防止传统计量模型出现"卢卡斯批判"问题。在货币政策研究方面产生了一些相关成果，但从目前的研究来看，在研究中国问题时仍存在很多缺陷。第一是模型区分异质性的主体较少，以家庭部门为例，绝大部分研究没有将储蓄型家庭和借贷型家庭区分开来。事实上，随着消费贷款在我国的快速发展，家庭部门的借贷比例持续增加，货币政策调控信贷途径对家庭部门决策产生了非常明显的影响，在杠杆率相关模型中，家庭部门的异质性的区分非常重要。第二是在刻画企业部门时，未将国有、非国有企业的金融服务可获得性区分开来。处于转型期的中国经济中存在大量的国有企业或国有控股企业，这些企业与民营企业相比在信贷受约束程度、产业分布、资本密集程度及生产效率等方面存在很大的差异，如何刻画国有企业和非国有企业之间的区别以及受到杠杆率的影响，也需要进一步讨论。

1.3　研究内容、方法和框架

1.3.1　研究内容

本书以主流经济学理论为基础，围绕我国杠杆宏观经济效应进行研究，大量收集国内外文献资料，经过归纳整理，立足于当前中国经济发展的实际情况，深入系统地研究了杠杆约束对中国宏观经济波动的影响，提出、分析并解决我国杠杆约束与宏观经济波动的相关问题，对宏观经济运行的本质有了更深刻的把握。本书的研究内容主要包含三个方面：

首先是对杠杆率水平和经济波动情况的刻画获得相关典型事实。一是通过刻画不同部门杠杆率水平以及对比中国和世界主要经济体之间杠杆率水平的差异来得到相关的典型事实；二是以 GDP 增速和人均 GDP 增速为衡量指标，刻画中国经济波动的基本情况；三是对比中国和世界主要经济体之间的经济波动差异，对中国的宏观经济有全面的认识。相关的典型事实为后文理论建模和实证分析奠定基础。

其次是理论模型的建立和数值模拟分析。本书的第 4 章到第 7 章从同质性模型出发，通过不断放松经济假设，分别构建了异质性家庭模型、异质性企业模型以及两部门异质性模型，通过与微观数据相匹配，展现了在杠杆率约束下，不同部门主体对宏观经济的影响，并为宏观经济政策的制定提供了全新的视角。其中，第 4 章是本书的基准模型，通过对基准模型的稳态值进行静态分析，改变企业的杠杆率水平，比较不同变量稳态值的变化，从而探究了企业杠杆率变化对总产出产生影响的作用机理。第5章在基准模型的基础上，引入家庭部门的异质性，即将家庭部门分为储蓄型家庭和借贷型家庭，研究杠杆约束与经济波动之间的关系。通过数值模拟发现，经济体的衰退是由银行遭受的损失引发的，并且这种衰退会由于银行无法将信贷提供给实体部门而加剧。当银行持有的资本金低于监管要求时，银行的损失会要求通过注资或去杠杆化等方式弥补。通过去杠杆化，银行将最初的冲击转化为信贷约束，并且通过对企业部门的放贷将冲击进一步放大并扩散到实体经济中。第6章在基准模型的基础上，从企业背景角度出发，引入企业的异质性。综合现有文献对国有企业和非国有企业的区别，从三个方面刻画国有企业和非国有企业的区别：一是国有企业相对于非国有企业来说生产效率较低；二是相比较非国有企业，国有企业的融资约束较小；三是国有企业的社会责任中既有非经济目标的内容，也有经济目标的内容，国有企业应该比民营企业承担更多的社会责任。通过数值模拟分析发现，当经济体受到实体部门的再分配冲击时，总产出会呈现正向变化，这是因为当实体经济部门获得更多的社会资本后，可以用于扩大生产。从脉冲反应图中可以看到，当实体经济部门获得更多的社会资本后，社会总资本上升，投资总量也上升，因此社会总产出增加。进一步分析后发现，总产出受到非国有企业部门再分配冲击的影响更大。第7章在前两章的基础上，综合考虑异质性家庭部门和异质性企业部门的情况，通过数值模型分析后发现，面对家庭部门的杠杆率冲击，银行将资金更多地贷向家庭部门，造成流入实体生产部门的资金减少，社会总投资下降，因此总产出也会下降。而实体经济部门受到杠杆率冲击后可以获得更多的社会资本，使得社会总资本上升，投资总量也上升，因此社会总产出增加。

最后是杠杆率与经济波动的实证研究。本书利用1996年第一季度至2018年第四季度的中国宏观经济数据，通过构建结构向量自回归模型，对中国不同部门杠杆率水平与经济波动之间的动态关系进行实证检验。结果表明：①家庭部门和非金融企业部门的杠杆率与经济波动均呈现顺周期性变化。②家庭部门杠杆率变化对经济波动的影响不显著。可能的原因在于：由于我国居民储蓄率水平偏高，相较于企业部门和政府部门而言，家庭部门的杠杆率总体水平较低，并且与世界其他主要经济体相比，我国家庭部门杠杆率水平仍然较低，因此对经济波动的总体影响力和解释能力较弱。③非金融企业部门的杠杆率变化会加剧经济的波动。可能的原因在于，一方面，在经济结构转型以及全球经济下行的特殊时期，政府部门采取的债务扩张政策会导致通货膨胀增速与真实GDP增速的边际效果减弱，从而导致中国非金融企业杠杆率的上升；另一方面，由于我国非金融企业对外部融资的依赖性高，外部的冲击对企业影响的效果会通过信贷市场的作用被进一步放大，导致非金融企业的投资规模进一步缩小，从而造成实体经济出现更大的波动。

1.3.2 研究方法

本书围绕中国分部门杠杆率进行研究，系统梳理国内外文献资料，回顾相关理论，利用宏观经济分析工具、方法，对我国经济杠杆问题进行分析，重点研究分部门杠杆率与经济波动的相关关系。为研究这一主题，本书主要采用以下研究方法：

（1）理论分析与经验分析相结合的方法。本书在归纳整理文献资料的基础上，介绍相关理论和研究进展，厘清不同部门杠杆率的形成机制和对宏观经济影响的途径，再通过实际数据，刻画不同部门杠杆率水平以及经济波动的现状，得到相关的典型事实，并以此作为规律发现和理论升华的基础。

（2）规范分析与实证分析相结合的方法。在经典文献的模型框架下，对杠杆率与经济波动的典型事实进行归纳和总结，通过 DSGE 模型和动态优化分析方法来测度不同部门杠杆率约束对经济波动的作用机理，并通过逐步放松假设条件，依次引入异质性家庭部门和异质性企业部门，进一步探究杠杆率和经济波动之间的动态关系。随后，利用 1996 年第一季度至 2018 年第四季度的中国宏观经济数据，构建 SVAR 模型，对经济波动与非金融企业杠杆率之间的动态关系进行实证检验。

（3）模型分析和预测分析相结合的方法。本书建立了不同条件下的 DSGE 理论模型，通过求解本书建立的模型，获得不同经济变量对应的稳态值，校准结构参数，运用 Dynare、MATLAB 编程，分析模拟分析所得结果的方差分解和传导机制。在实证检验中，通过 STATA 软件进行脉冲分析，并预测经济体受到外生冲击后的反应。

1.3.3　研究框架

本书研究框架见图1-1。

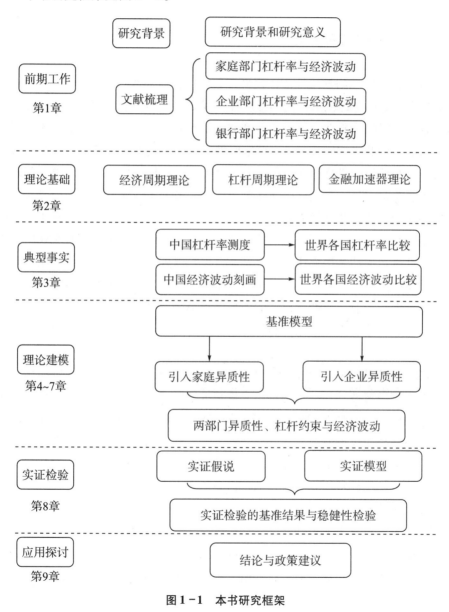

图 1-1　本书研究框架

1.4　研究创新点与不足

1.4.1　研究的创新之处

（1）构建两部门异质性主体模型，分析杠杆约束对中国经济波动的影响。已有研究要么仅考虑家庭部门的异质性（储蓄型家庭和借贷型家庭），要么仅考虑企业部门的异质性（国有企业和非国有企业），而同时考虑家庭部门和企业部门异质性的研究尚且不足。就家庭部门而言，随着消费贷款在我国的快速发展，家庭部门的借贷比例不断上升，货币政策调控的信贷渠道对家庭部门决策产生了非常明显的影响，因而在有关杠杆率模型中，区分家庭部门异质性是十分必要的。从企业部门来看，一方面，在国有企业中，由于其具有雄厚的国有背景，在银行贷款方面具有天然优势；另一方面，正是因为国有企业的特殊背景，其承担的社会责任比非国有企业更大。因此，如何刻画不同类型企业之间的关系以及受到杠杆约束的影响，需要进一步讨论。基于此，本书同时考虑家庭异质性和企业异质性，建立的模型更加契合中国经济的发展现状，所得到的结论和政策建议更具准确性和针对性，在一定程度上，是对既有研究的一个重要补充。

（2）将主流 DSGE 模型的分析范式与实证分析有机结合，不断细化杠杆约束对中国经济波动的冲击类别，为更精准地制定宏观政策提供理论参考。本书基于中国经济的现实问题，不断放松经济假设，分别构建了异质性家庭模型、异质性企业模型以及两部门异质性模型，通过与微观数据相匹配，展现了在杠杆约束下，不同部门主体对宏观经济的影响。DSGE 模型分析框架对研究现实经济的结构性特征具有显著的优越性，与传统的计量经济模型研究相比，本书在坚实的微观经济理论基础上对宏观经济问题进行研究，使得本书的理论模型在逻辑上更具有严谨性和一致性。同时，构建 SVAR 模型，将理论模型与实证检验相结合，进一步对理论模型的结果进行验证，有助于更好地理解政策传导机制，丰富和拓展政策分析的研究工具，为宏观经济政策的制定提供全新的视角。

（3）对中国经济运行中的结构性问题进行刻画，在一个完整的理论框架下分析经济结构调整在短期波动中的作用。现有的国内研究大多简单套用国外研究中的经济模型，采用国内的经济数据对中国经济问题进行研究，且传统的同质性模型缺少对现实经济运行中存在的结构性矛盾的探讨，所提出的政策手段也是偏向于传统总量型的需求侧管理。本书完全从中国经济现状出发，旨在对中国杠杆约束问题进行分析和解决。首先提炼出杠杆约束、家庭异质性与企业异质性等三个重要的经济特征和要素，在充分考虑这些特征和要素的基础上，建立了异质性主体模型。引入储蓄型家庭部门和借贷型家庭部门以及国有企业部门和非国有企业部门，对中国经济中一直存在的结构性问题进行了详细描述和刻画，因此能在一个完整的理论框架下分析经济结构性调整在短期波动中发挥的作用，并将政策研究和探讨拓展至供给侧结构性改革层面，有利于更好地厘清中国杠杆约束与经济波动的关系。

1.4.2　研究的不足之处

（1）由于本书模型较为复杂，涉及的参数较多，按照贴合中国实际取值的原则，我们将参数的取值分为三类：对于常见的、由中国学者进行相关研究的，则取值与中国学者保持一致；对于部分参数，如贴现率等，则根据模型的稳态值进行校准，保证与中国经济的实际情况一致；对于结构性参数和冲击过程，通过收集整理中国实际数据进行估计。尽管本书尽最大可能保证数据的统一，但是由于数据的统计口径、数据缺失以及数据不可获取性等因素，导致在参数校准时存在一些主观假设，这是本书数据的不足之处。

（2）受限于模型的可解性以及编程的可行性，本书没有将政府部门纳入模型中，也没有考虑货币政策在经济体中的作用，只是将各部门的杠杆扩张和信贷约束的放松简单地作为外生冲击，因此不能反映货币政策的效果，并且书中也没有进行政策评估和福利分析，这也是本书的不足之处。

2　概念界定与理论基础

2.1 概念界定

2.1.1 杠杆率

本部分主要从概念层面上界定本书的研究对象杠杆率，大量收集与杠杆率测算有关的文献资料，经过全面梳理、总结和评述相关测算方法。

战国时代的墨子便已经对杠杆有所观察。《墨子·经说下》曾对杠杆进行描述："衡木，加重焉而不挠……衡，加重于其一旁……相衡，则本短标长……标得权也"。[①] 这段话的意思是：秤杆，之所以将重物加在上面而不倾斜，是因为支撑点力量适中，可以负担物体的重量以保持平衡。而当衡木和直木相交结之处过分接近衡木的中部时，即便不增加物体的重量，秤杆也不能保持平衡，这是因为支撑点失去了平衡。当秤杆保持平衡时，在秤杆的一边加重则秤杆必定下垂，因为称锤和所称物的重量是相当的。秤杆平衡，秤头短，秤尾长，在秤的两边同时增加相同的重量，则秤尾下坠，这是因为加秤尾重量就是增加了秤锤重量。而一百多年后的古希腊哲学家、物理学家阿基米德也说过："给我一个支点，我就能撬起整个地球。"这也是前人对杠杆的描述。杠杆理论起源于物理学，描述较小的力气在杠杆的作用下能撬动较重的物体。在金融经济快速发展的过程中，杠杆率的应用范围越来越广，在经济活动中，杠

[①] 古诗文网·经说下 https://www.gushiwen.org/GuShiWen_ 2344179895.aspx。

杆率已成为经济主体的主要参与方式之一,而在经济中的杠杆则是形容用规模较小的资本金对规模较大的资产进行控制,所对应的比例就是杠杆率。

一般而言,微观杠杆率和宏观杠杆率共同组成经济杠杆。从微观层面上来看,杠杆率指的是微观主体,如单个家庭、单个企业等,采取举借负债的形式进行融资,以实现小资本控制大资产的比例。家庭部门负债指的是向银行或其他金融机构、私人部门进行借贷用于消费、购买房产等,家庭部门的杠杆率水平可以通过家庭贷款与家庭净资产(总资产)之间的比例来衡量。企业部门的杠杆率通常被定义为企业的负债经营程度。如在牛慕鸿和纪敏(2013)的研究中采用负债和股权比值,纪敏等(2017)和高爱武(2018)则采用资产负债率来表示企业的杠杆率。除此以外,资产和股东权益比值、资产和负债比值等指标也通常被用来衡量企业的杠杆率水平。

宏观杠杆率指的是基于宏观经济整体视角所研究的杠杆率,宏观经济分部门研究的杠杆率也涵盖在内(徐传平,2016)。根据中国人民银行杠杆率研究课题组(2014)、IMF(2015)以及宋国青(2014)的研究,衡量宏观杠杆率的三个重要指标分别为不同部门总债务、社会融资余额、广义货币供应量分别与 GDP 形成的比值。本书关注的是杠杆率对经济波动的影响,因此使用宏观杠杆率进行研究,重点关注宏观杠杆率的变化。尽管宏观杠杆率可以利用统计学方法进行研究,微观经济主体相加即可得到,但需要注意的是,该数据只能从资产负债表获得,无法全面真实地反映出经济社会总体债务情况和信用风险状况。因此,按照国家金融与发展实验室和国家资产负债表研究中心的定义,把宏观经济分部门考察,各部门的杠杆率定义为该部门债务与名义 GDP 的比例。

2.1.2 经济波动

经济波动主要是对总体经济增长时期的规律性扩张、收缩等现象进行描述,由于具有周期性,可以将经济波动称作经济周期波动。在经济复苏、繁荣发展的过程中,无论是居民收入和消费能力,还是企业利润,都呈现出大幅增长的趋势。该现象主要来源于投资水平的增长和社会总产出的增加,使得市场的需求量不断增加,为社会提供了更多就业机会,进而推动经济整体持续、快速增长。而在经济衰退阶段,则刚好与繁荣阶段相反,经济增长速度下降,投资减少,社会总产出下降,市场需求降低,失业率上升,居民收入、消费能力和企业利润明显下降。在实际经济发展中,很多因素都能引起经济波动,通常来说，包括技术进步、消费需求变动以及投资率变动等。

经济波动属于一种广义概念，到目前为止，还未形成统一的度量方法。从已有研究来看，在衡量经济波动时，大多以增长方程预测残差、产出缺口和经济增长率的标准差为主[①]（邢天才、张梦，2018）。卢二坡和曾五一（2008）利用 GDP 增长率的标准差对经济波动情况进行刻画，与产出缺口标准差、增长方程预测残差相结合，开展稳健型检验，结果显示并不影响研究结论[②]。韩国高和胡文明（2016）利用 GDP 增长率的三年移动平均标准差来衡量宏观经济不确定性。朱映惠（2017）在研究中指出，用 HP 滤波将经济产出中的长期趋势和周期性波动成分分离的测度基本符合中国经济发展趋势，具有较高的适用性。陈乐一等（2018）同样采用 HP 滤波方法获取经济波动。本书参考朱映惠（2017）和陈乐一等（2018）的研究思路，利用 HP 滤波处理国内生产总值年增长率，得到经济增长率的波动成分，在此基础上取波动成分的绝对值，作为经济波动的衡量指标[③]。

2.1.3 异质性模型

本书建立的异质性模型均为异质性主体模型，即在本书第 5 章拓展家庭异质性模型时，将传统的代表性家庭划分为储蓄型家庭和借贷型家庭两个部分，其中储蓄型家庭和借贷型家庭在信贷市场的参与度和可得性以及初始财富分配等方面存在差异，并进一步研究借贷型家庭在受到杠杆约束下，面对借贷约束冲击后对经济波动以及其他宏观经济变量的影响；在第 6 章的企业异质性模型中，同样根据企业在所有制背景、资产状况、承当的社会责任等方面的差异，将企业部门划分为国有企业与非国有企业两个主体，分别研究在各自杠杆约束以及受到借贷冲击后对经济的影响；第 7 章是第 5 章和第 6 章模型的综合，即同时考虑家庭部门异质性主体和企业部门异质性主体下，杠杆约束与经济波动的动态关系。

---

① 邢天才，张梦. 经济波动、金融摩擦与固定资产投资——来自中国地级市样本的证据 [J]. 金融论坛，2018，23（12）：10 - 20。

② 卢二坡. 经济短期波动对长期增长影响的研究综述 [J]. 统计与决策，2011（15）：153 - 156。

③ 陈乐一，刘新新，杨云. 信贷摩擦对经济波动的影响 [J]. 贵州社会科学，2018（5）：98 - 104。

2.2 经济周期理论

现有关于经济周期理论的解释，主要可以分为内因论和外因论两个方面。内因论主要是从经济运行层面进行解释，外因论则主要侧重于非经济运行层面的阐述。内因论除了研究马克思的经济周期理论和琼斯的"消费不足论"理论之外，还包括凯恩斯的"有效需求不足论"和弗里德曼的"货币需求论"等内容，这些理论形成了经济运行的内部原因，促进了经济周期的形成。外因论的研究内容为真实经济周期理论、熊彼特的"创新论"和政治周期理论等，这些观点表明，经济运行不会对经济周期的出现产生影响，两者之间未形成必然的联系。本节将以马克思经济周期理论为代表的内因论和真实经济周期理论为代表的外因论两个方面，对经济周期理论进行阐述，并对两种经济周期理论进行对比分析。

2.2.1 马克思经济周期理论

马克思对资本主义经济周期有深刻的见解，形成了以马克思主义为核心的经济周期理论。马克思对资本主义经济周期开展了大量的研究工作，最早的研究结果呈现在《政治经济学批判大纲》中，在持续改进和完善的基础上，在《资本论》中的体系日渐完善（朱奎，2010：31）。马克思指出，资本主义生产方式的基本矛盾指的是资本主义社会生产力、生产关系之间的矛盾，该矛盾是经济周期、经济危机最深刻的根源。所以，资本主义国家出现经济周期的根本原因在于生产方式中的矛盾，资本主义社会生产力、生产关系这两者的矛盾，从不同层面上和经济周期、经济危机产生了关联性。在研究资本主义国家经济周期的过程中，马克思为更好地分析其产生的根本原因，主要从消费不足、比例失调和利润率下降三个方面进行详细阐述。

马克思在《资本论》中重点对"消费不足"进行了深入阐述，从有效消费不足方面深度剖析了资本主义生产与市场的矛盾。他指出，资本主义社会发生危机的主要原因是群众的贫困及所受限制消费和资本主义大力发展生产力所形成的矛盾（马克思，2004：548）。就资本主义世界而言，一直以来，企业都以实现最大化利润为奋斗目标。资本家期待从工人那里得到更多剩余价值，因此资本家会尽一切可能来提高企业的劳动生产率水平、同时降低工人的工资以便最大化资本家的利润和剩余价值。但是对于广大的劳动者来说，降低工资会使得自己原本就有限的收入水平和消费能力与企业扩大的生产力之间的矛盾日益加大，劳动者没有能力进行消费导致社会的有效需求不足，进而引发社会总产品生产过剩。当社会出现产品过剩时，资本家很难从最终产品中汲取剩余价值，资本的剩余价值也很难再进入到流通领域，资本家无法进行投资和扩大再生产，这样，资本主义世界的经济危机就产生了（李娟娟，赵景峰，湛爽，2015）。

除了有效需求不足会导致经济危机，马克思经济周期理论还从生产比例失调的角度揭示了资本主义爆发经济危机的原因。恩格斯曾表示，有序的社会生产是经济得以正常运行的保证，而由于资本的趋利性，随着生产规模的扩大，整个社会生产呈现的无政府状态，就会和个别工厂的组织性生产形成对立，使得生产资料和劳动力在不同部门和企业中的均衡状态被打破。资本家只会想着扩大投资规模以获取更多的剩余价值，谁也不知道，也不会考虑自己所生产的产品在市场中的数量有多少，社会的需求量是多少，生产的产品是否可以收回本钱。没有一个组织去检测市场中产品的动态需求情况来调整生产产品的种类和数量，使得社会陷入无序状态（中共中央马克思恩格斯列宁斯大林著作编译局，1995：624，622）。社会化大生产对部门、企业提出了要求，应该联系密切，按照比例对劳动力、社会生产资料进行分配。但需要注意的是，由于资本的趋利性以及个别企业在社会中处于生产的无政府状态，使得生产资料和劳动力在部门和企业间的均衡分配状态被打破。随着社会生产力的不断扩大以及技术水平的不断提高，这种状态越来越失衡，经济发展中的正常比例关系遭到破坏。在资本主义世界中，无组织性的整体社会经济和有组织性的个别企业相互矛盾，引发经济危机（朱奎，2010：31）。

马克思还从利润率下降的角度再次分析了资本主义社会产生经济危机的原因。他在著作中谈道，产品利润率降低，对新独立资本产生延缓作用，极大地威胁了资本主义的生产、发展（马克思，2004：270）。分析原因，主要是在资本主义生产力快速发展、资本不断积累的过程中，资本有机构成比例明显增加，该比例的增加会在一定程度上降低单位资本对劳动力产生的相对需求，使得劳动力相对过剩；除此之外，单位资本平均利润率下降，也会出现资本过剩的现象。过剩生产力水平、劳动力和资本相互补充、相互作用，促进资本主义爆发经济危机。

2.2.2 真实经济周期理论

Kydland 和 Prescott（1982）、Long 和 Plosser（1983）等提出的真实经济周期理论（Real Business Cycle，RBC）理论，亦可称作真实商业周期理论。该理论模型基于完全竞争假设，将经济波动的根源归结为以技术为代表的实际因素，试图用技术冲击来解释经济波动。

2.2.2.1 RBC 理论的发展历程

现代宏观经济学理论的建立可追溯自 1936 年凯恩斯的《就业、利息和货币通论》。20 世纪中叶，对凯恩斯和早期经济学家思想进行综合分析，促进了新古典综合学派的诞生。该学派在接下来的 20 年中占据了宏观经济学的统治地位，因此很多人将 20 世纪 40 年代初到 70 年代初的这段时间称为宏观经济学的黄金时期。尽管其间存在着凯恩斯主义和货币主义的争论，但在解释问题以及引导政策选择上，新古典综合学派总是占据上风。在此背景下，宏观经济学家们主要以凯恩斯主义理论框架为基础，建立宏观总量计量模型进行经济学研究。然而对于所建立的总量模型是否具备微观基础，以及这些模型的逻辑框架是否具有一致性等问题，则被当时的经济学家们认为是不重要的细节（Plosser，1989）。

面对 20 世纪 70 年代出现的滞胀，凯恩斯主义学派的理论缺陷暴露出来。一方面，"滞胀"使得菲利普斯曲线的通胀率、失业率这两者不再具备经验关系。同样地，面对该问题，凯恩斯主义也无法利用总量分析框架进行解释。另一方面，Lucas、Sargent 以及 Barro 等对当时主流宏观经济学的批判，使得凯恩斯主义经济学的权威地位受到了严重的挑战。随后，经济学家在宏观经济模型中加入了预期影响，Muth（1961）和 Lucas（1972）等的研究成果是预期理论形成的经典文献。Muth 在其研究过程中，基于价格变动对预期的形成过程，构建微观模型进行分析。对动态调整模型而言，主要侧重于理性预期，各个信息均会得到一定的反映，传统的动态模型不能全面预估理性预期程度。Lucas 等针对该预期理论进行了扩展。到了 20 世纪 80 年代末，基本的宏观经济分析框架已经被扩展，理性预期称为宏观经济模型分析的重要因素，并进一步拓展成为后来的 RBC 理论。

2.2.2.2 RBC 理论对经济波动的解释

凯恩斯主义学派提出，宏观经济包括长期、短期这两个不同层面，而 RBC 理论否定了这一说法。RBC 理论认为，无论是长期还是短期，决定经济的因素完全相同，既存在总供给，也存在总需求。所以，通过人为的方式将经济划分为长期和短期显得毫无意义。RBC 理论指出，市场机制具备完善性，长期、短期都能以自发的方式对经济进行调整，最终达到均衡状态。而市场出现的波动主要来源于经济体系之外，实际存在的因素所产生的冲击就是"外部冲击"。考虑到市场不能对这些冲击的变动和出现进行准确预测，就不能及时给出正确的反映，所以，在经济体中就会形成周期性波动。

2.2.3 两种理论的比较

马克思经济周期理论、西方真实经济周期理论从不同视角着手，对经济波动的原因进行阐述。马克思的经济周期理论通过分析资本主义社会经济运行规律，挖掘其经济波动的本质特征和运动机理，发现资本主义社会生产力、生产关系的矛盾是资本主义生产方式的基本矛盾，形成经济周期、经济危机的深刻根源。因此，对资本主义国家的经济周期原因进行分析，主要是由生产方式矛盾引起的，与不同层次的经济周期、经济危机的关系非常密切。而在西方占据主流地位的真实经济周期理论则将经济波动阐述的根源归结为以技术为代表的实际因素，试图用技术冲击来解释经济波动，并由此演化出大量的理论模型进行验证。两种理论各有可取之处，只有吸收和比较这两种经济周期理论，才能深化对于经济周期问题的认识。

2.3 杠杆周期理论

通常情况下，杠杆率变化和各经济体的货币信贷环境、经济周期存在非常紧密的联系，顺周期是杠杆率的基本特征，也就是说，杠杆具有周期性（袁利勇，2018）。对杠杆周期相关资料进行分析，最早可追溯至 Geanakoplos 等的研究成果，借款人采取加杠杆的方式购买资产，形成价格泡沫，在形势发生逆转的背景下去杠杆，使得资产价格在较短时间内快速下降，产生具备周期性的经济现象（Fostel 和 Geanakoplos，2008；Geanakoplos，2010；Fostel 和

Geanakoplos，2013）。

在经济体增加杠杆周期时，由于整体负债水平明显提高，产生更多高消费、高投资需求，使得资产价格上升，收入增加，进而促进经济体偿债能力的提升。在这样的经济体中，更易获得债务。增杠杆时期的预期资产回报率相对较高，在借贷成本下降的同时，债务就会持续增加，产生完整的正反馈。在经济体整体债务过大，且很难继续维持时，就开始了去杠杆周期，在这样的情况下，经济体偿债能力明显不够，微观经济主体就能得到更多债务融资，只有借助资产变现的方式进行债务偿还，导致资产大量出售，在较短的时间内资产价格下降，收入变少，经济体偿债能力持续恶化，形成正反馈效应。

2.4　金融加速器理论

Fisher 提出的债务紧缩理论是可追溯的最早的金融加速器理论。Fisher（1933）指出，欧洲在大萧条时期，所建立的信用链体系最典型的特征是高杠杆。受到大萧条的影响，企业经营业绩明显降低，使得很多企业的支出变少，甚至面临破产的窘境，商品价格的下降导致企业债务压力上升。企业为尽快偿还债务，只有通过低价的方式对自身资产进行处理，使得资产价格持续降低，陷入恶性循环的状态，最后爆发金融危机。而在20世纪90年代末，Bernanke 和 Gertler（1995）以美国大萧条时期的金融总量、货币为研究对象，指出金融系统崩溃对大萧条持续时间和对经济的影响深度产生了决定性作用。Bernanke 和 Gertler 在分析货币与金融总量的相对重要性的基础上，提出"金融危机—信用成本上升—真实产出持续下降"的微观机理。随后，Bernanke、Gertler 和 Gilchrist（1996）在研究经济周期波动的框架时，引入信贷市场，提出了"金融加速器"理论。

对金融加速器理论、传统经济周期理论进行对比分析，两者之间最大的差异就是金融加速器理论将金融市场的不完全性纳入研究框架中，考虑信贷市场的信息不对称性对银行和企业之间的影响。在信息不对称下，银行需要付出一定的成本来甄别企业的类型，获取其真实的信息。这样，贷款过程就会产生金融摩擦，导致借贷市场资金分配的无效率和投资的非最优。在这样的背景下，企业外部融资成本就会超过内部融资成本，也就是说，外部融资还要承担一笔额外的费用。这样一来，就会引起信贷摩擦，企业必须依据资产负债表进行投资，所以 MM 定理（Modigliani 和 Miller，1958）不再成立。而企业外部融资需要支付较高的代理费用，使得信贷市场的资金分配效率下降，导致经济体最终的投资水平下降。

Bernanke 和 Gertler（1995）指出，投资水平对企业负债表的依赖性非常强。对一个企业来讲，在现金流、资产净值较高的情况下，会对投资产生直接、间接的正向影响。直接影响的具体表现为，在现金流、资产净值较高的情况下，会增加企业内部融资；而间接影响则反映在，较高水平的资产净值和现金流可以为企业融资贷款提供更多抵押品，从而能在一定程度上降低企业的外部融资成本。如果经济体中出现对企业产生正向或负向的外部冲击，企业净值就会呈现出增长或降低的趋势。Bernanke 和 Gertler（1989，1990）指出，由于信贷市场存在一定的缺陷，金融摩擦会导致企业内外部融资的可替代性下降。一旦企业遭受负向的外部冲击，企业资产负债表在外部冲击的作用下会持续恶化，导致企业收益下降，融资成本增加，导致企业的资产净值下降。另一方面，随着企业资产负债表恶化，企业可获得的外部融资机会变少。此时，若企业过度依赖外部融资，信贷市场就会进一步放大冲击作用，导致企业的投资规模缩小，从而造成实体经济更大的波动，这种自循环的放大机制被称为金融加速器效应。

国外研究人员在分析金融加速器理论时，主要从作用机制、对经济波动的不对称性影响、金融危机的形成原因以及对经济波动的解释等几个方面着手开展研究工作。如 Gertler 和 Gilchrist（1994）认为，在经济繁荣、下降时期，金融传导机制发挥的作用具有不对称性，金融传导机制对制造行业的小规模企业产生了更加显著的作用。学者围绕金融加速器理论开展了大量的研究工作，指出亚洲爆发金融危机时，经济急剧下降的主要原因在于货币贬值导致的企业资产负债表出现持续恶化现象（Céspedes 等，2004；Gertler 等，2007），而美国金融危机的爆发，则将学者的关注引入房地产部门经济中的金融加速器效应（Mertens 和 Ravn，2011）。对于经济波动的解释，Gelos 和 Werner（2002）使用来自制造业的数据研究金融自由化对墨西哥固定投资的影响，探讨了房地产作为抵押品的作用，认为在贷款热潮和危机后衰退期间归因于金融加速器机制的作用一致。

在我国，很多学者围绕金融加速器效应进行研究，主要检验其存在性和不对称性差异。围绕金融信贷市场的不对称信息问题，杜清源和龚六堂（2005）在 RBC 模型中首次引进金融加速器理论，研究其在经济发展中产生的影响。崔光灿（2006）为更好地研究资产价格波动对经济稳定性产生的影响，基于 Bernanke、Gertler 和 Gilchrist（1996）构建的模型，对金融加速器理论的两部门动态进行刻画，建立新型宏观经济学模型，借助该模型对金融加速器产生的经济效应进行分析。除此之外，中国人民银行营业管理部课题组（2017）在研究预算软约束的过程中，构建了金融加速器机制。王韧和李志伟（2019）从金融加速器的理论框架出发，对影响企业杠杆率、实际债务负担这两个微观指标进行分析，并综合探究宏微观响应机制，发现制造业部门在经济下行期或货币紧缩阶段放大金融加速器效应。林东杰等（2019）基于消费品、投资品生产构建新凯恩斯的 DSGE 模型，将金融加速器理论引入进来，考察货币政策对投资品、消费品通货膨胀所造成的影响。研究结果表明，外部融资溢价对生产消费品的部门和生产投资品的部门产生的影响存在差异，金融加速器效应在生产投资品的部门更加明显。

2.5　本章小结

本章首先对杠杆率和经济波动的相关概念进行界定，明确了相关概念的度量和计算方式。本章重点关注宏观经济杠杆的变化，按照国家金融与发展实验室和国家资产负债表研究中心的定义，对宏观经济分部门考察，定义了各部门的杠杆率计算方式。然后进一步明确了经济波动的概念和计算方式，基于前人的研究基础，本书选择 HP 滤波处理国内生产总值年增长率，得到经济增长率的波动成分，在此基础上，去波动成分的绝对值，作为经济波动的衡量指标。

随后，本书对相关理论进行了进一步梳理。首先回顾了经济周期理论，并从以马克思经济周期理论为代表的内因论和真实经济周期理论为代表的外因论两个方面着手阐述经济周期理论，并分析两种经济周期理论。马克思经济周期理论将国家经济波动本质特征揭示出来，并阐述其运行机理，指出资本主义生产方式的基本矛盾为资本主义社会生产力、生产关系这两者的矛盾，形成了资本主义经济危机、经济周期的深刻根源。而在西方占据主流地位的真实经济周期理论则将经济波动阐述的根源归结为以技术为代表的实际因素，试图用技术冲击来解释经济波动，并由此演化出大量的理论模型进行验证。其次又回顾了杠杆周期理论，进一步明确了杠杆约束与经济波动之间的内在联系。随着2008 年美国金融危机的爆发，金融作为经济体中的重要部门被越来越多学者重视，金融对于经济波动的放大作用也被越来越多的学者关注。金融机构中的摩擦是造成市场不完美的主要因素，也是金融机构放大经济波动的重要源泉，基于此，本章对金融加速器相关理论进行回顾性分析。金融加速器理论在研究框架中引入金融市场的不完全性，并分析了信贷市场的不对称信息对银行和企业之间的影响。在信息不对称下，银行需要付出一定的成本来甄别企业的类型，获取其真实的信息，这样，贷款过程就会产生金融摩擦，导致借贷市场资金分配的无效率和投资的非最优。

后续章节将在分析中国各部门杠杆率和经济波动的典型事实基础上，吸收和借鉴本章所提到的理论基础，建立理论分析模型，对杠杆率约束和中国经济波动问题进行进一步探索。

3 杠杆率与经济波动的典型事实

2008 年，金融危机爆发，发达国家金融机构"去杠杆化"，主权债务风险明显增加，经济在多年增长之后逐渐放缓，成为全球关注的焦点。我国在经济下行背景下，结合我国基本国情推出一系列经济刺激计划，与此同时，家庭、企业以及银行等部门的杠杆率也在不断攀升。在国际经济发展疲软，国内潜在风险不断上升的背景下，我国用去杠杆的成效来衡量供给侧结构性改革成果以及金融风险防范程度。本章主要刻画中国与世界主要经济体杠杆率和经济波动的典型事实，并以此为基础，分析中国与世界主要经济体在杠杆率水平以及经济波动水平上的差距，为后文分析提供借鉴。

3.1 杠杆率水平的度量

根据前文的定义，杠杆率是指各部门债务与名义 GDP 的比率。其中，家庭部门的债务是指包括消费贷款和经营贷款在内的居民贷款；政府部门债务由中央、地方政府债务组成，前者指的是国债余额，后者除了地方债之外，地方政府其他债务也涵盖在内；组成非金融企业债务的除了境外债务、企业债和企业贷款之外，还包括未贴现银行承兑汇票、委托贷款和信托贷款等。

本节将分部门对世界主要经济体杠杆率水平进行度量。其中，所涉及的中国经济数据来源于国家资产负债表研究中心①，其他经济体的数据来源于万得数据库中国际清算银行披露的数据，选择 2000 年第一季度至 2001 年第二季度期间的样本为研究对象，利用 Stata 软件绘制图表并进行分析。

---

① 数据来源：国家资产负债表研究中心，http://114.115.232.154:8080/。

3.1.1 家庭部门

图 3-1 反映了中国和其他主要经济体家庭部门杠杆率水平。从图中可以看到，除了 2008 年金融危机期间，我国家庭部门杠杆率略有下降外，我国家庭部门的杠杆率自 2000 年起呈现持续上涨趋势。2000 年，我国家庭部门杠杆率在 12.5% 左右，处于较低水平，究其原因，主要是因为我国居民具有较高的居民储蓄率。从总体层面上来讲，相较于其他经济部门，家庭部门的杠杆率更低。最近几年，随着我国房地产市场的发展速度加快，中国家庭部门贷款主要为消费贷款、住房贷款，家庭部门杠杆率逐年增加。尤其是 2008 年金融危机后，随着房地产价格的持续上升以及家庭对住房需求的提高，家庭部门贷款买房的情况越来越普遍，导致家庭负债水平上升，家庭部门的杠杆率水平从 2008 年底的 17.9% 一路上升到 2019 年第二季度的 55.3%，增长 3 倍有余。对《2019 年二季度中国杠杆率报告》（以下简称《报告》）进行分析后发现，2019 年第二季度中国家庭部门的杠杆率继续呈现增长的趋势，增长幅度和 2018 年同期基本一致。2018 年底杠杆率为 53.2%，2019 年第二季度为 55.3%，半年时间的增长幅度达到 2.1%，并且 2018 年第二季度的增长幅度为 2.0%。可见，家庭部门杠杆率增长的动力仍然主要集中于短期消费贷款。

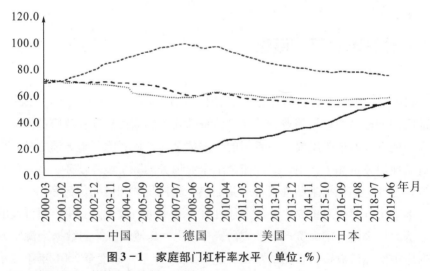

图 3-1　家庭部门杠杆率水平（单位:%）

注：利用 Matlab 软件自行绘制，下同。

与世界其他主要经济体相比，尽管我国家庭部门杠杆率水平呈现持续上升趋势，但仍处于世界较低水平。在世界主要经济体中，美国的家庭部门杠杆率水平最高，在金融危机前后处于峰值，达到98.6%，在危机后全球化的去杠杆过程中，虽然杠杆率略有下降，但依然维持在75%左右，这是因为美国信用市场发展成熟，居民可以通过消费贷款进行提前消费，美国学生也可以通过申请助学贷款接受教育，因此家庭部门总体的负债水平较高；德国和日本的家庭部门杠杆率水平较为一致，一直保持在55%左右。近年来，随着中国家庭部门负债水平提高，其杠杆率水平已与日本、德国保持一致。因此，迅速上升的家庭部门杠杆率值得高度关注，并且相关部门应警惕银行不正常的家庭贷款增长，从而避免家庭部门将大量资金流入房地产行业造成的经济泡沫，谨防由此产生的经济波动。

3.1.2　政府部门

图3-2反映了中国与其他主要经济体政府部门杠杆率水平。近年来，中国政府部门的杠杆总体呈现上升的趋势，从2000年第一季度的17.5%上升到2019年第三季度的39.2%。但在2015年以后，政府部门的杠杆率的变动幅度较小，处于平稳增长过程。分开来看，中央政府的杠杆率在近20年总体呈现下降趋势，特别是2008年金融危机以后，中央政府的去杠杆化政策显示出显著的效果，从2007年第四季度的19.6%下降到2013年第四季度的14.1%，经过小幅上涨后，稳定在16%左右。《报告》显示，中国政府杠杆率在2019年第二季度保持持续增长的趋势。2019年第一季度的政府总杠杆率为37.7%；第二季度则增长到38.5%，增长幅度为0.8%，上半年的增长幅度达到1.5%。对政府杠杆率增长的原因进行分析，认为政府部门杠杆率的增长主要是地方政府杠杆率增长引起的。随着今年来地方政府债务风险不断暴露，地方政府杠杆率从2018年底的20.4%增加到22.0%，半年增长的幅度达到1.6%，而同一时间中央政府杠杆率却出现了0.04%的小幅下降趋势。

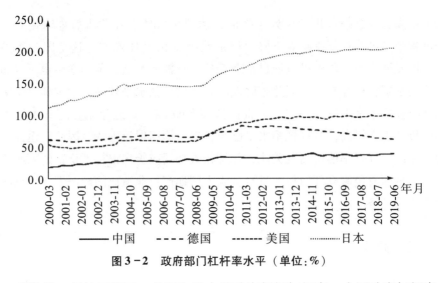

图3-2 政府部门杠杆率水平（单位：%）

现阶段，相较于德国、美国和日本的政府部门杠杆率，中国政府杠杆率水平相对较低。日本政府在2019年第二季度的杠杆率水平超过200%，美国政府杠杆率也接近100%，德国则为61%。尽管如此，由于统计口径的差异，该数据是否纳入中国政府的隐性债务，也值得关注。

3.1.3 企业部门

图3-3反映了中国与其他主要经济体企业部门杠杆率水平变化情况，我国企业主要是非金融企业部门，金融部门完全覆盖金融企业。根据国际清算银行的测算结果可知，2018年底，我国非金融企业部门杠杆率为151.6%。《报告》表明，在我国，非金融企业部门杠杆率保持继续增长的趋势，2019年6月增长至155.7%。经过横向对比，发现我国非金融企业部门杠杆率高于日本和美国；对绝对水平进行对比分析，发现美国爆发金融危机时的杠杆率（70%）低于我国非金融企业部门杠杆率，同时，日本泡沫破裂时期的杠杆率（147.4%）也比我国非金融企业部门杠杆率低。对我国非金融企业杠杆率过高的原因进行分析，主要受到多方面因素共同影响导致的。高善文（2017）针对上市公司发布的数据进行分析，发现企业杠杆在企业负债率降低的背景下出现的较快增长幅度，分析原因，是由企业资产周转率下降导致的，企业资产周转率下降、生产者价格这两者间存在非常紧密的联系。纪敏等（2017）则认为，企业的杠杆结构不仅与预算软约束激励机制有关，还与信息和交易成本、税收负担等存在密切的联系。无论是大规模民营企业、国有企业，还是市

场化发育较低地方的预算软约束部门，都具备高杠杆这一特征，投资增长模式具备高储蓄的典型特征，直接决定了我国企业杠杆率保持较高水平。

明明债券研究团队研究表明[①]，中国非金融企业部门杠杆率增速主要受企业产出减速的影响，供需双侧紧缩仍将推动非金融企业部门的杠杆率水平。一方面，非金融企业部门在需求侧面对贸易争端引发的需求收缩，而在供给端方面，在较低水平的新增产能背景，非金融企业部门的产能利用率又处于下降阶段，两者共同作用压制了企业部门的产出。尽管非金融企业部门仍然处于主动去负债的阶段，但是产出的降低仍然会对非金融企业部门杠杆率的增长起到促进作用。

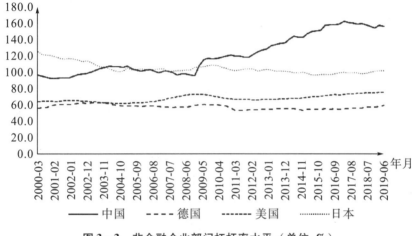

图 3-3　非金融企业部门杠杆率水平（单位：%）

对全世界主要经济体的企业部门进行对比分析，发现我国非金融企业部门杠杆率在相对水平上处于较高位置，并且依然呈现上升趋势。2008 年金融危机爆发后，美国房地产市场泡沫破裂，企业投资的房产价值下跌，企业大规模倒闭，银行不良贷款率于 2009 年攀升至最高点 5%。为降低企业杠杆，美国让企业直接破产，金融机构的不良贷款率增加从而限制对企业贷款，非金融企业部门杠杆率从 2009 年的 70.40% 降低至 2013 年的 67.1%。随着美国经济复苏，并伴有低利率的融资环境，非金融企业部门又显示出加杠杆意愿，开启新一轮加杠杆周期。同样高企业杠杆率的日本，由于非金融企业杠杆率长期处于下降态势，日本经济发展也在长达 20 年间处于较低发展水平甚至呈现收缩态

---

① 资料来源：《如何看待中国非金融企业杠杆率为什么在全球偏高？》https://finance.sina.cn/bond/zsyj/2019-06-24/detail-ihytcitk7223256.d.html?source=bdquote。

势，目前日本非金融企业的杠杆率仍在 100% 上下浮动。作为样本中非金融企业杠杆率水平最低的德国，近 20 年来一直处于较为稳定的水平，目前非金融企业的杠杆率仍低于 60%。

3.2 经济波动的刻画

本节将对世界主要经济体经济波动水平进行度量。经济波动指的是总体经济活动沿经济增长呈现出规律性收缩、扩张的趋势，亦可称为经济周期波动。一般情况下，经济增长可通过 GDP 增长率来进行表示，而用 GDP 的波动项作为经济周期波动的衡量指标。根据世界银行的定义，GDP 指的是经济体内生产者、居民增加值和产品税之和，扣除产品价值外的补贴。本研究在分析 GDP 增长率时，由于数据可得性等问题，并没有扣除自然资产损耗、资产折旧。基于陈乐一等（2018）的研究，本书采用 HP 滤波方法，对中国、美国、德国、日本的 GDP 年增长率以及人均 GDP 年增长率进行去除趋势处理，获得波动成分并取绝对值。

本节的经济增长数据主要来自世界银行数据库①。利用不变价本币计算 GDP 增长率，基于 2010 年不变价美元计算总额，根据 2010 年不变价美元计算国内生产总值，除以年中人口数量，就能得到 GDP 增长率。本节的样本区间包括 1971 年至 2018 年的年度经济增长数据。

图 3-4 是以 GDP 增速刻画的主要经济体经济波动水平。从图中可以观察到，在 2008 年金融危机以前，中国的经济波动水平大部分时间处于较高水平，尤其是在 1976 年达到 8.39%。1978 年以后，在十一届三中全会上，邓小平同志提出以经济建设为中心的经济方针后，全国大力发展经济，经济增速有了较大的提高；在 20 世纪 90 年代初期，由于国内的一些动荡，影响了经济的发展。在 1989 年，中国国内的经济增长速度由 1988 年的 11.23% 下降到 4.18%，而在 1990 年仍然以较低的 3.9% 增长，因为这段时间的波动率较高。但是，在 2008 年经济危机后，中国经济进入新常态，经济波动水平降低，并且保持了较低的波动水平。

---

① 数据来源：世界银行数据库，https://data.worldbank.org.cn。

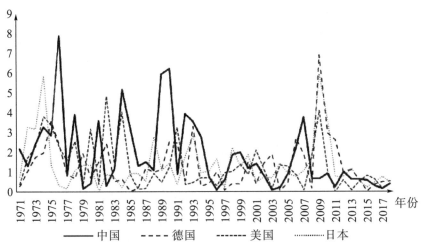

图 3-4 以 GDP 增速刻画的经济波动（单位:%）

相比较于中国的经济波动，以美日德为代表的发达国家经济体的波动水平则在 2008 年金融危机后表现出较高的波动性，即不确定性增加。而以人均 GDP 增速刻画的经济波动来看（如图 3-5 所示），其表现出的经济波动特征与图 3-4 保持较高的一致性，即美国、德国和日本在 2008 年金融危机后，国内经济表现出较高的不确定性（高波动表示高不确定性），并在随后的几年中一直持续这样的高波动性，直到近几年，随着全球经济的复苏，世界各国重新开始新一轮的经济建设，经济处于平稳发展水平，在此阶段，各国的经济波动水平都维持在较低的水平。

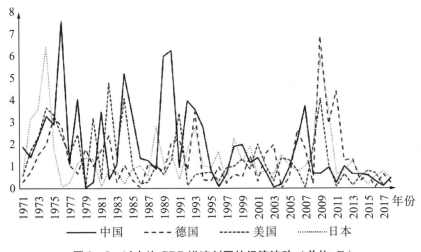

图 3-5 以人均 GDP 增速刻画的经济波动（单位:%）

3.3 本章小结

本章主要刻画了包括中国在内的主要经济体杠杆率水平和经济波动水平的典型事实。

从杠杆率角度来看，中国家庭部门的杠杆率水平从 2008 年底的 17.9% 一路上升到 2019 年第二季度的 55.3%，增长 3 倍有余，迅速上升的家庭部门杠杆率值得高度关注，家庭部门杠杆率增长的动力主要来自短期消费贷款；政府部门杠杆率仅出现了较小的变化趋势，处于平稳增长过程；中国非金融企业部门杠杆率持续上升，2019 年 6 月为 155.7%；比美国金融危机时期的杠杆率（70%）高，同时高于日本最高的企业杠杆率（147.4%），位于较高水平。不断上升的中国非金融企业部门杠杆率受到多方面因素的共同作用，供需双侧紧缩将推动非金融企业部门的杠杆率水平进一步提升。

从经济波动的角度来看，中国的经济发展在一些特殊时期经济不确定性较高，但是在大多数时期，经济的平稳性较高，尤其是在 2008 年经济危机后，中国经济进入新常态，经济波动水平降低，并且保持了较低的波动水平。放眼全球来看，美国、德国和日本在 2008 年金融危机后，国内经济表现出较高的不确定性，随着全球经济的复苏，世界各国重新开始新一轮的经济建设，经济处于平稳发展水平，在此阶段，各国的经济波动水平都维持在较低的水平。目前中国经济增速已处于较低的水平，就过去 20 年的发展经验来看，未来短期内中国经济出现大起大落的可能性较低。而其他经济体则在金融危机后，波动性在下降，经济发展趋于平稳。

4 杠杆约束与经济波动的基准模型

本章在 Iacoviello（2005，2015）的研究基础上，基于第 2 章的相关理论，建立一个包含杠杆约束的基准模型。在后续的研究中基于此基准模型逐步放开假设，以期更加符合中国现实。

在基准模型中考虑离散时间的经济情况，并且将经济体中的主体简化为仅有代表性家庭、代表性银行和代表性企业三个部门。其中家庭部门成员主要通过工作获得劳动收入，进行消费、购买房地产以及向银行存入定期存款。总体而言，家庭部门是经济体中的净储蓄者。企业部门中包含同质性的企业家，他们主要通过积累房地产，雇用家庭部门的劳动力进行生产，企业家的资金来源于向银行借款。银行部门中的同质性银行家主要开展资金的中介业务，相对于家庭部门来说，银行家是借款人，然而相对于资金依赖型的企业家来说，银行家是贷款方。在基准模型中，引入两种共存的信贷摩擦：一种是银行家在吸收家庭部门的存款时会受到自身资产负债表的约束，另一种是企业家在从银行部门获得信贷资金时会受到自身经营状况的约束。

具体来看，本书从家庭部门、银行部门以及企业部门三个方面描述其行为决策，并给出市场出清条件。

4.1 模型构建

4.1.1 代表性家庭的行为决策

在基准模型中，代表性家庭通过选择每一期的消费 C_t^H、吸收存款数量 D_t

购买的房地产的量 H_t^H 及工作时间 N_t^H 来最大化自身的效用。代表性家庭部门的效用函数如式（4-1）所示。

$$\max E_0 \sum_{t=0}^{\infty} \beta_t^H (\log C_t^H + j\log H_t^H + \tau\log(1 - N_t^H)) \qquad (4-1)$$

式（4-1）中，β^H 表示家庭部门的主观贴现因子，j 和 τ 分别表示购买的房地产 H_t^H 以及付出的工作时间 N_t^H 相对于消费 C_t^H 带来的效用大小。

家庭部门通过工作获得劳动收入，进行消费、购买房地产以及向银行存入定期存款。因此，家庭部门在进行最优化选择时，会受到式（4-2）的约束。

$$C_t^H + K_t^H + D_t + q_t(H_t^H - H_{t-1}^H) = (R_t^K + 1 - \delta)K_{t-1}^H + R_t^H D_{t-1} + W_t^H N_t^H + \varepsilon_t$$
$$(4-2)$$

在式（4-2）中，家庭拥有实物资本 K_t^H，并以租金率 R_t^K 向企业部门提供租用服务，参数 δ 表示实物资本的物理折旧。D_t 表示家庭部门每一期的存款。q_t 是以消费单位最终产品表示的房地产价格。遵循 Liu 等（2013）、Wang 等（2017）以及张李登等（2019）的设定，本书认为房地产的供给在短期内保持不变，房地产的价格由需求决定，家庭部门只持有一期房地产资源。在每一期开始前，家庭部门（同样适用于企业部门）首先以当期的价格卖出上一期购入的房地产，获得 $q_t H_{t-1}^H$ 的收入，其中 H_{t-1}^H 表示家庭部门上一期购入的房地产数量；与此同时，再以当期的价格购入这一期所需要的房地产数量 H_t^H，需要支出 $q_t H_t^H$，两者的差额即可以表示为家庭部门当期在房地产上的净投入，即可以表示为 $q_t(H_t^H - H_{t-1}^H)$。R_t^H 表示家庭部门存款获得的单位回报；W_t^H 表示单位劳动收入，即工资；ε_t 是再分配冲击（同样的冲击，带有相反的符号，也出现在银行家的预算约束中），表示从家庭获得的银行损失，即财富在家庭部门和银行部门的再分配。

家庭部门的资本积累方程可以通过式（4-3）表示，其中 K_{t+1}^H 表示家庭部门下一期的实物资本数量，I_t^H 表示家庭部门当期的投资。为了后文分析方便，本书不考虑投资的调整成本。

$$K_{t+1}^H = I_t^H + (1 - \delta)K_t^H \qquad (4-3)$$

4.1.2　代表性银行家的行为决策

在基本模型中，代表性银行家通过选择每一期的消费水平 C_t^B 来最大化自身的效用。代表性银行家的效用函数如式（4-4）所示①。

$$\max E_0 \sum_{t=0}^{\infty} \beta_t^B \log C_t^B \tag{4-4}$$

其中，银行家的贴现因子 β^B 应介于家庭部门和企业家之间，即 $\beta^E < \beta^B < \beta^H$。如果将银行家预算约束中的 C_t^B 看成是银行家在偿还存款人和发放贷款后的剩余收入，那么银行家基于消费的效用最大化的目标函数等价于银行家以 β^B 贴现的最大化股息的凸函数（Iacoviello，2005；2015）。银行部门是资金的中介，通过向企业家发放从家庭部门吸收到的存款进而赚取中间利差。对代表性银行家来说，在最大化其效用函数时会受到式（4-5）的约束。

$$C_t^B + R_t^H D_{t-1} + L_t^E + AC_t^B = D_t + R_t^E L_{t-1}^E - \varepsilon_t \tag{4-5}$$

在式（4-5）中，L_t^E 表示向企业家发放的贷款；R_t^E 是银行发放贷款的单位收益，对企业家来说就是贷款的单位成本；ε_t 是再分配冲击，与家庭部门中的 ε_t 相对应；AC_t^B 是银行进行投资组合贷款的外部调整成本，其可以表示为式（4-6）。

$$AC_t^B = \frac{\varphi_B}{2} \frac{(L_t^E - L_{t-1}^E)^2}{L^E} \tag{4-6}$$

其中，φ_B 是银行贷款调整成本的系数，L^E 是银行对企业贷款的稳态值。根据巴塞尔协议对于银行资本充足率的规定，我们在基准模型中，假设银行家在吸收家庭部门的存款时会受到自身资产负债表的约束，如式（4-7）所示：

$$D_t \leqslant \rho^D (D_{t-1} - (L_{t-1} - E_{t-1}\varepsilon_t)) + (1 - (1-\gamma_E)(1-\rho^D))(L_t - E_t\varepsilon_{t+1}) \tag{4-7}$$

式（4-7）左边是银行部门可以从家庭部门吸收到的最大存款，右端表示的是银行部门可用作抵押的资产总额。在式（4-7）中，我们考虑了再分配冲击给银行带来的预期损失，γ_E 表示银行资产的抵押率，按照 Iacoviello（2015）的描述，该参数可以看成银行的杠杆约束。

4.1.3 代表性企业家的行为决策

与代表性家庭和代表性银行家的行为决策分析一致，代表性企业家通过选择每一期的消费水平 C_t^E 来最大化自身的效用。代表性企业家的效用函数如式

---

① 银行家基于消费的效用最大化的目标与银行利润最大化目标是等价的（高然等，2018）。

（4-8）所示。

$$\max E_0 \sum_{t=0}^{\infty} \beta_t^E \log C_t^E \qquad (4-8)$$

其中，β^E 表示企业家的主观贴现因子，满足 $\beta^E < \beta^H$。本书希望通过相关设定产生内生的借贷机制，即内生化不同部门的杠杆约束，研究杠杆约束对中国经济波动的影响。在此背景下，如果要让经济体各部门之间产生借贷关系，广泛接受的建模方式（如 Liu 等，2013；Wang 等，2017；高然等，2018；张李登等，2019）可以采用如下设定：假设生产部门由企业家持有，而企业家相对于消费者来说是非耐心的（即 $\beta^E < \beta^H$）。由消费者的一阶条件可以得到，市场利率等于消费者的贴现因子的导数（即 $r = 1/\beta^H$），企业家愿意付出的利率为 r^E（$r^E = 1/\beta^E$，可由企业家的一阶条件得到），在本书的模型中，企业家可以通过市场利率 r 进行借贷，因为此时 $r^E > r$，即企业家的最优抉择总是借贷（Becker，1980）。此外，企业家通过向家庭部门租借实物资本、积累房地产，并同时雇佣家庭部门的劳动力进行生产。企业家的资金来源于银行借款，企业家的生产函数可以采用科布-道格拉斯生产函数形式，如式（4-9）所示。

$$Y_t = A_t \left(K_{t-1}^H \right)^{\alpha(1-\mu)} \left(K_{t-1}^E \right)^{\alpha\mu} \left(H_{t-1}^E \right)^{\nu} \left(N_t^H \right)^{(1-\alpha-\nu)} \qquad (4-9)$$

式（4-9）中，A_t 表示企业部门的技术水平。对于企业家来说，其自身最优化的效用函数还要受到式（4-10）的预算约束限制：

$$C_t^E + q_t(H_t^E - H_{t-1}^E) + K_t^E + R_t^i L_{t-1}^E + R_t^K K_{t-1}^H + W_t^H N_t^H + AC_t^E$$
$$= Y_t + L_t^E + (1-\delta)K_{t-1}^E \qquad (4-10)$$

其中，C_t^E 表示企业家的当期消费；$q_t(H_t^E - H_{t-1}^E)$ 表示企业家当期对房地产的投入；K_t^E 是企业家持有的实物资本；$R_t^i L_{t-1}^E$ 是指企业家当期偿还的上一期借款的本息和；$W_t^H N_t^H$ 指的是当期需支付的工人工资；AC_t^E 是企业部门进行融资的外部调整成本，其可以表示为式（4-11）所示。式（4-10）右边表示企业当期的收入，即最终产品的产量 Y_t 以及新的贷款量 L_t^E 之和。

$$AC_t^E = \frac{\phi_E}{2} \frac{(L_t^E - L_{t-1}^E)^2}{L^E} \qquad (4-11)$$

在式（4-11）中，ϕ_E 是银行贷款调整成本的系数，L^E 是企业贷款的稳态值。在基准模型中引入了企业贷款的约束条件，即企业的融资需要固定资产作为抵押品（Kiyotaki 和 Moore，1997）。不等式（4-12）右边是企业当前预计的未来固定资产（房地产）在当前的价值的一部分，m_H 表示企业的借款最多不能超过房地产价值的比例，m_K 表示企业的借款最多不能超过实物资本的比例，m_N 表示企业必须预先支付的工资比例。从企业部门借款的长期稳态来看，企业部门的贷款水平与自身持有的房地产的价值、实物资本的水平以及需要支付给工人的工资水平三个因素相关，其中 m_H、m_K 和 m_N 可以看成是抵押物的抵押系数，根据 Iacoviello（2015）的描述，上述参数可以看作企业部门的杠杆率参数。A_t^{ME} 是企业部门贷款冲击，可以看成企业部门的杠杆约束冲击。

$$L_t^E \leqslant \rho^E L_{t-1}^E + (1 - \rho^E) A_t^{ME} \left(m_H E_t \left(\frac{q_{t+1}}{R_{t+1}^E} H_t^E \right) + m_K K_t^E - m_N W_t^H N_t^H \right)$$

$$(4 - 12)$$

企业家资本积累方程可以通过式（4-13）表示，其中 K_{t+1}^E 表示企业家下一期的实物资本数量，I_t^E 表示企业家当期的投资。为了后文分析方便，本书不考虑企业家投资的调整成本。

$$K_{t+1}^E = I_t^E + (1 - \delta) K_t^E \qquad (4 - 13)$$

4.1.4 市场出清条件

如果将房地产的总供应量归一化，那么在基准模型中，房地产市场的出清条件可以表示为式（4-14）。由瓦尔拉斯定理可知，当房地产市场出清后，商品市场自动出清（式4-15），即：

$$H_t^E + H_t^H = 1 \qquad (4 - 14)$$

$$Y_t = C_t^H + C_t^B + C_t^E + I_t^H + I_t^E \qquad (4 - 15)$$

4.2 模型求解

对于代表性家庭而言，在满足式（4-2）的约束条件下，通过选择每一期的消费 C_t^H、购买的房地产的量 H_t^H 以及工作时间 N_t^H 来最大化公式（4-1）。令 λ_t^H 为预算约束的拉格朗日乘子，分别对当期消费 C_t^H、购买的房地产的量 H_t^H、工作时间 N_t^H 以及持有的实物资本 K_t^H 求一次导，可以得到家庭部门的行为选择条件。

$$(C_t^H): \qquad \frac{1}{C_t^H} = \lambda_t^H \qquad (4 - 16)$$

$(D_t):$ $\qquad\qquad\qquad \lambda_t^H = \beta^H E_t (R_{t+1}^H \lambda_{t+1}^H)$ $\qquad\qquad$ (4-17)

$(H_t^H):$ $\qquad\qquad\qquad q_t \lambda_t^H = \dfrac{j}{H_t^H} + \beta^H E_t (q_{t+1} \lambda_{t+1}^H)$ $\qquad\qquad$ (4-18)

$(N_t^H):$ $\qquad\qquad\qquad W_t^H \lambda_t^H = \dfrac{\tau}{1 - N_t^H}$ $\qquad\qquad$ (4-19)

$(K_t^H):$ $\qquad\qquad\qquad \lambda_t^H = \beta^H E_t ((R_{t+1}^K + 1 - \delta) \lambda_{t+1}^H)$ $\qquad\qquad$ (4-20)

对于代表性银行来说，在最大化自身效用（式 4-4）的同时，还受到预算约束［式（4-5）］和贷款约束［式（4-7）］。令 λ_t^B 表示通过消费边际效用归一化的借贷约束乘数，$u(C_t^B)$ 表示银行部门的边际消费函数，银行部门可以通过选择吸收存款数量 D_t、选择给企业家发放的贷款数量 L_t^E 来最大化自身效用。

$(C_t^B):$ $\qquad\qquad\qquad u(C_t^B) = \dfrac{1}{C_t^B}$ $\qquad\qquad$ (4-21)

$(D_t):$ $\qquad (1 - \lambda_t^B) u(C_t^B) = \beta^B E_t ((R_{t+1}^H - \rho^D \lambda_{t+1}^B) u(C_{t+1}^B))$ $\qquad$ (4-22)

$(L_t^E):$ $\qquad \begin{aligned} &\left(1 - (\gamma(1-\rho^D) + \rho^D)\lambda_t^B + \dfrac{\partial AC_t^B}{\partial L_t^E}\right) u(C_t^B) \\ &= \beta^B E_t ((R_{t+1}^E - \rho^D \lambda_{t+1}^B) u(C_{t+1}^B)) \end{aligned}$ $\qquad$ (4-23)

对于代表性企业家来说，在受到预算约束［式（4-10）］和贷款约束［式（4-12）］的条件下，通过选择每一期的贷款数量 L_t^E、持有的实物资本数量 K_t^E 以及房地产数量 H_t^E 最大化自身效用。令 λ_t^E 表示通过消费边际效用归一化的借贷约束乘数，$u(C_t^E)$ 表示银行部门的边际消费函数，对于企业来说，其最优化的选择表现为：

$(C_t^E):$ $\qquad\qquad\qquad u(C_t^E) = \dfrac{1}{C_t^E}$ $\qquad\qquad$ (4-24)

$(L_t^E):$ $\qquad \begin{aligned} &\left(1 - \lambda_t^E - \dfrac{\partial AC_t^E}{\partial L_t^E}\right) u(C_t^E) \\ &= \beta^E E_t ((R_{t+1}^E - \rho^E \lambda_{t+1}^E) u(C_{t+1}^E)) \end{aligned}$ $\qquad$ (4-25)

$(H_t^E):$ $\qquad \begin{aligned} &\left(q_t - \lambda_t^E (1 - \rho^E) m_H A_t^{ME} E_t \dfrac{q_{t+1}}{R_{t+1}^E}\right) u(C_t^E) \\ &= \beta^E E_t (q_{t+1}(1 + R_{t+1}^V) u(C_{t+1}^E)) \end{aligned}$ $\qquad$ (4-26)

$(K_t^E):$ $\qquad \begin{aligned} &(1 - \lambda_t^E (1 - \rho^E) m_K A_t^{ME}) u(C_t^E) \\ &= \beta^E E_t ((1 - \delta + R_{t+1}^{KE}) u(C_{t+1}^E)) \end{aligned}$ $\qquad$ (4-27)

除了最大化自身效用外，企业部门还需要考虑生产的最大化利润，在均衡状态下，企业部门的利润为零。因此，企业生产的最优表现为：

$$(H_t^E):\qquad vY_t = q_t H_t^E R_t^v \qquad\qquad (4-28)$$

$$(N_t^H):\qquad (1-\alpha-v)Y_t = W_t^H N_t^H (1 + m_N A_t^{ME}\lambda_t^E) \qquad (4-29)$$

$$(K_t^H):\qquad \alpha(1-\mu)Y_t = R_t^K K_{t-1}^H \qquad\qquad (4-30)$$

$$(K_t^E):\qquad \alpha\mu Y_t = R_t^{KE} K_{t-1}^E \qquad\qquad (4-31)$$

在此基准模型中，内生变量共 23 个，其中家庭部门的内生变量共 10 个，分别为家庭部门的消费 C^H、房地产拥有量 H^H、劳动力供给 N^H、存款总量 D、存款利息 R^H、房地产价格 q、工资率 W^H、持有的实物资本 K^H、实物资本回报率 R_t^K 以及家庭部门预算约束的拉格朗日乘子 λ^H；银行部门的内生变量共 3 个，分别为银行部门的消费 C^B、借贷约束乘数 λ^B 以及银行部门的边际消费函数 $u(C^B)$；企业部门的内生变量共 10 个，分别为企业部门的消费 C^E、借款总量 L^E、持有实物资本 K^E、实物资本的机会成本 R^{KE}、借款利息 R^E、企业厂房拥有量 H^E、厂房的边际成本 R^V、企业部门的借贷约束乘数 λ^E、边际消费函数 $u(C^E)$ 以及企业的总产出 Y。通过联立三个部门的预算约束［式（4-2）、式（4-5）以及式（4-10）］、贷款约束条件［式（4-7）和式（4-12）］、企业生产函数（式 4-9）、各部门的一阶条件［式（4-16）至式（4-31）］以及市场出清条件［式（4-14）］，可以分别求出内生变量的稳态值。

$$R^H = \frac{1}{\beta^H} \qquad\qquad (4-32)$$

$$\lambda^B = \frac{1-\beta^B R^H}{1-\beta^B\rho^D} \qquad\qquad (4-33)$$

$$R^E = \frac{1}{\beta^B} - \frac{(1-\beta^B)\rho^D + (1-\rho^D)\gamma_E}{\beta^B}\lambda^B \qquad (4-34)$$

$$\lambda^E = \frac{1-\beta^E R^E}{1-\beta^E\rho^E} \qquad\qquad (4-35)$$

$$R^V = \frac{1}{\beta^E} - 1 - \frac{(1-\beta^E)m_H}{\beta^E R^E}\lambda^E \qquad (4-36)$$

$$R^K = R^H - (1-\delta) \qquad\qquad (4-37)$$

$$R^{KE} = \frac{1}{\beta^E} - (1-\delta) - \frac{\lambda^E m_K}{1-\lambda^E} \qquad (4-38)$$

记：

$$X_1 = \left(\frac{\alpha(1-\mu)}{R^K} + \frac{v\gamma m_H}{R^E R^V} + \frac{\alpha\mu\gamma m_K}{R^{KE}}\right)\frac{1+m_N\lambda^E}{1-\alpha-v}(R^H-1) + (1-(R^H-1)\gamma_E m_N)$$

$$(4-39)$$

$$N^H = \frac{1}{1 + \tau X_1} \qquad\qquad (4-40)$$

记:

$$X_2 = \frac{v}{R^V} + \frac{j}{1 - \beta^H} \frac{1 - \alpha - v}{1 + m_N \lambda^E} X_1 \qquad\qquad (4-41)$$

$$H^E = \frac{v}{R^V X2} \qquad\qquad (4-42)$$

$$Y = \left(\frac{\alpha(1-\mu)}{R^K} \right)^{\frac{\alpha(1-\mu)}{1-\alpha}} \left(\frac{\alpha\mu}{R^{KE}} \right)^{\frac{\alpha\mu}{1-\alpha}} (H^E)^{\frac{v}{1-\alpha}} (N^H)^{\frac{1-v}{1-\alpha}} \qquad (4-43)$$

$$C^H = X_1 \frac{1 - \alpha - v}{1 + m_N \lambda^E} Y \qquad\qquad (4-44)$$

$$q = X_2 \cdot Y \qquad\qquad (4-45)$$

$$H^H = \frac{j}{q(1 - \beta^H)} C^H \qquad\qquad (4-46)$$

$$L^E = \left(\frac{m_H v}{R^E R^V} + \frac{m_K \alpha\mu}{R^{KE}} - \frac{m_N(1 - \alpha - v)}{1 + m_N \lambda^E} \right) Y \qquad (4-47)$$

$$K^H = \frac{\alpha(1 - \mu)Y}{R^K} \qquad\qquad (4-48)$$

$$K^E = \frac{\alpha\mu}{R^{KE}} Y \qquad\qquad (4-49)$$

$$D = \gamma_E L^E \qquad\qquad (4-50)$$

$$W^H = \frac{(1 - \alpha - v)Y}{N^H(1 + m_N \lambda^E)} \qquad\qquad (4-51)$$

$$C^B = (R^E - 1)L - (R^H - 1)D \qquad\qquad (4-52)$$

$$C^E = Y - (R^E - 1)L^E - W^H N^H - R^K K^H - \delta K^E \qquad (4-53)$$

$$\lambda^H = \frac{1}{C^H} \qquad\qquad (4-54)$$

$$u(C^B) = \frac{1}{C^B} \qquad\qquad (4-55)$$

$$u(C^E) = \frac{1}{C^E} \qquad\qquad (4-56)$$

4.3 稳态分析

本节将在基准模型中进行静态分析，研究企业部门的杠杆率变化对稳态值的影响。因此，本节首先对外生参数进行赋值。外生参数的取值如表4-1所示。

表4-1 参数校准情况

	参数	描述	取值	来源
家庭部门	β^H	家庭贴现因子	0.9925	稳态值校准
	j	房地产投资偏好	0.0750	Iacoviello, 2015
	τ	劳动力供给弹性	2.0000	王云清等, 2013
	δ	实物资本折旧因子	0.0250	康立和龚六堂, 2014
银行部门	β^B	银行家贴现因子	0.9900	稳态值校准
	γ^E	银行与企业间资产负债率	0.9000	Iacoviello, 2015
	ρ^D	银行资本充足率	0.2400	Iacoviello, 2015
企业部门	β^E	企业家贴现因子	0.9875	稳态值校准
	α	资本产出弹性	0.4500	高然等, 2018
	ρ^E	企业部门借贷约束	0.6500	Iacoviello, 2015
	μ	企业实物资本份额	0.4500	Iacoviello, 2015
	v	企业房地产份额	0.0400	Iacoviello, 2015

首先，需要校准家庭部门参数。家庭贴现因子取0.9925，从而使稳态时年度存款利率为3%；家庭部门劳动力供给弹性取值为2.0000（王云清等，2013）；家庭部门的资本折旧率为0.0250，即年折旧率为10%，这与康立和龚六堂（2014）的研究保持一致；按照Iacoviello（2015）的研究，本书将房地产投资偏好设定为0.0750。其次，需要对银行部门进行参数校准。银行家贴现因子取0.9900，从而保证模型中的信贷约束在稳态附近的等式成立，银行与企业间资产负债率取值为0.9000，银行资本充足率为0.2400，这与Iacoviello（2015）的研究保持一致。最后，需要对生产部门进行参数校准。企业家贴现因子取0.9875，从而使稳态时年度贷款利率为5%；国外相关文献对资本产出弹性的取值一般在0.3~0.4之间，中国学者对资本产出弹性的值进行了修正，如张军（2002）的估计值为0.4990，仝冰（2017）的取值为0.4300，普遍高于国外文献中的常用值，本书认为以高然等（2018）估算的0.4500作为参数的取值较为合理。企业部门借贷约束为0.6500，企业实物资本在总产出的份额取0.4500，房地产在总产出的份额取0.0400，与Iacoviello（2015）的研究保持一致。

由于企业部门的杠杆率冲击服从均值为0的外生冲击，在稳态中不能刻画其对经济体的影响，因此本节将企业部门抵押物的抵押系数作为刻画和衡量企业杠杆率的变量，分析企业杠杆率变化对内生变量稳态值的影响。本章将表4-1的参数赋值到稳态模型中，通过 Matlab 软件绘制相关图表。图4-1 刻画了企业杠杆率变化对稳态值的影响，其中，横轴是企业杠杆率变化，取值从0到1.5。杠杆率大于1，表示企业可以从银行部门获取超过抵押物价值的贷款，这可以解释为企业拥有良好的商誉或者无形资产等。

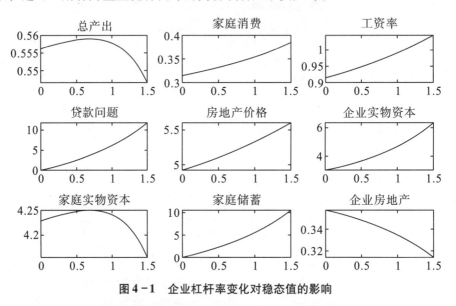

图4-1　企业杠杆率变化对稳态值的影响

从图4-1可以看出，随着企业杠杆率的变化，社会总产出呈现先上升后下降的趋势，即在一定范围之内，随着企业杠杆率的上升，会促进产出的增长，但是超过一定阈值之后，会降低社会产出。可能的解释在于，适度的杠杆率有利于公司治理和企业创新，并且在短期内可能有助于维持经济增长（Cecchetti 等，2011）。王玉泽等（2019）经过分析后发现，当企业杠杆率小于43.01%时，杠杆率对创新投入和创新产出具有正向效应，创新风险降低，一旦杠杆率超过43.01%，杠杆率将加重创新风险。

此外，当企业的杠杆率升高后，从银行获得的贷款数量上升，企业拥有更多的流动资金可以用于购买实物资本，因此从家庭部门中租借实物资本的需求下降，使得家庭部门主动持有的实物资本数量下降。企业部门通过提高杠杆率进行扩大生产，会提高家庭部门的工资率，并且家庭部门出售实物资本，使得家庭部门的收入进一步增加，会刺激家庭消费，导致家庭部门的消费水平和储蓄水平上升，对房地产部门的投资增加，因此企业部门可以获得的房地产数量下降，房地产价格也会进一步上升。

当企业的杠杆率升高到阈值之上时，尽管企业可以通过购买更多实物资本扩大生产，但是由于家庭部门资金富裕，会将持有的实物资本出售，并投资于房地产市场，导致企业持有房地产的成本增加，用于生产的房地产数量下降；并且随着家庭部门工资水平的上升，企业的人工成本进一步增加，导致雇佣的工人数量下降，在这些因素共同作用下，会导致企业的最终产出下降。

4.4 本章小结

本章对基准模型的稳态值进行了静态分析，通过改变企业的杠杆率水平，分析比较了不同变量的稳态值变化，从而探究了企业杠杆率变化对总产出产生影响的作用机理。

后续章节将以本章的基准模型为基础，逐步放开研究假设。第 5 章将家庭的异质性引入基准模型中，即在家庭部门中引入储蓄型家庭和借贷型家庭，其中借贷型家庭的借款会受到杠杆约束，在此基础上分析家庭部门的杠杆约束对经济波动的影响；第 6 章将企业的异质性引入基准模型中，重点探讨国有企业和非国有企业的杠杆约束与经济波动的动态关系；第 7 章则同时将借贷型家庭、储蓄型家庭以及国有企业、非国有企业引入本章的基准模型中，进一步讨论杠杆约束与经济波动之间的动态关系。理论模型分析的研究框架如图 4-2 所示。

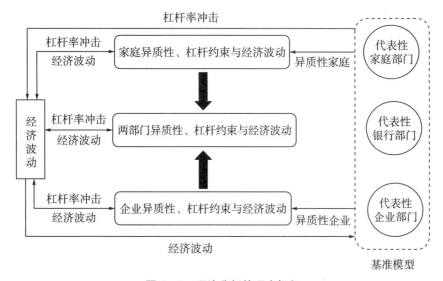

图 4-2 理论分析的研究框架

5 家庭异质性、杠杆约束与经济波动

本书第 4 章的基准模型假定房地产是生产中的唯一投入，家庭之间没有异质性，且经济中所有生产性资产均由受到信贷约束的公司持有。在本章以及后续章节中，将逐步放宽上述假设。相较于基准模型，本章将家庭部门分为储蓄型家庭和借贷型家庭两种。借贷型家庭持有经济中工资总收入的 σ 部分，并且会从银行部门借钱，其借款能力受到杠杆约束。此外，借贷型家庭积累了整个经济资本存量的 $1-\mu$，而企业家积累了房地产（与基准模型一致），剩余的份额为资本存量的 μ。银行部门吸收储蓄型家庭的存款，并向借贷型家庭和企业家提供贷款。为了刻画宏观经济变量的缓慢动态调整过程，模型考虑了所有资产的二次调整成本，以表达消费习惯以及借款约束和资本充足率约束的惯性。

5.1 理论模型

5.1.1 异质性家庭部门的行为决策

本章将家庭部门分为储蓄型家庭和借贷型家庭两种。储蓄型家庭为银行提供资金来源，并获得一定的利息收入；借贷型家庭持有经济中工资总收入的 σ 部分，从银行部门借钱，但会受到贷款约束。

5.1.1.1 储蓄型家庭

在异质性家庭部门的模型中，储蓄型家庭通过选择当期消费 C_t^H、购买的

房地产的数量 H_t^H 以及工作时间 N_t^H 来最大化自身的效用，其目标函数如式 (5-1) 所示：

$$\max E_0 \sum_{t=0}^{\infty} \beta^H (A_t^P (1-\eta) \log(C_t^H - \eta C_{t-1}^H) + j A_t^j A_t^P \log H_t^H + \tau^H \log(1-N_t^H))$$

$$(5-1)$$

式 (5-1) 中，β^H 表示储蓄型家庭部门的主观贴现因子，A_t^P 表示家庭部门消费偏好和房地产偏好的联合冲击（即总支出冲击），A_t^j 表示家庭部门的房地产需求冲击，η 测量了外部的消费习惯程度，j 和 τ^H 分别表示购买的房地产 H_t^H 以及付出的工作时间 N_t^H 相对于消费 C_t^H 带来的效用大小。

储蓄型家庭通过工作获得劳动收入，进行消费、购买房地产以及向银行存入定期存款和出租实物资产。因此，储蓄型家庭在进行最优化选择时，会受到式 (5-2) 的约束。

$$C_t^H + \frac{K_t^H}{A_t^K} + D_t + q_t(H_t^H - H_{t-1}^H) + ACK_t^H + ACD_t^H$$

$$= \left(R_t^M Z_t^{KH} + \frac{1-\delta_t^{KH}}{A_t^K} \right) K_{t-1}^H + R_t^H D_{t-1} + W_t^H N_t^H$$

$$(5-2)$$

在式 (5-2) 中，储蓄型家庭拥有实物资本 K_t^H，并以租金率 R_t^M 向企业部门提供实物资产为 $Z_t^{KH} K_t^H$ 的租用服务，其中 Z_t^{KH} 为家庭部门实物资产的出租率。A_t^K 表示特定于实物资本的技术冲击，ACK_t^H 和 ACD_t^H 分别表示储蓄型家庭部门的实物资本和存款的外部调整成本。参数 δ_t^{KH} 表示实物资本的物理折旧。D_t 表示家庭部门每一期的存款，q_t 是以消费单位最终产品表示的房地产价格，R_t^H 表示家庭部门存款获得的单位回报，W_t^H 表示储蓄型家庭的单位劳动收入，即工资。

在式 (5-2) 中，家庭部门实物资本和存款的外部调整成本函数可以表示为如下所示：

$$ACK_t^H = \frac{\varphi^{KH}}{2} \frac{(K_t^H - K_{t-1}^H)^2}{K^H}$$

$$(5-3)$$

$$ACD_t^H = \frac{\varphi^{DH}}{2} \frac{(D_t - D_{t-1})^2}{D}$$

$$(5-4)$$

其中，φ^{KH} 是家庭部门实物资本调整成本的系数，K^H 是家庭部门实物资本的稳态值；φ^{DH} 是家庭部门存款调整成本的系数，D 是家庭部门存款的稳态值。

如果将储蓄型家庭消费的边际效用 $u(C_t^H)$ 表示为式 (5-5)，购买房地

的边际效用 $u(H_t^H)$ 表示为式（5-6），则在最优条件下的家庭存款［式（5-7)］、劳动力供应［式（5-8)］、资本供应［式（5-9)］以及房地产需求［式（5-10)］可以表示为以下方程：

$$u(C_t^H) = \frac{A_t^P(1-\eta)}{C_t^H - \eta C_{t-1}^H} \quad\quad (5-5)$$

$$u(H_t^H) = \frac{jA_t^jA_t^P}{H_t^H} \qu\quad\quad (5-6)$$

$$u(C_t^H)\left(1 + \frac{\partial ACD_t^H}{\partial D_t}\right) = \beta^H E_t(R_{t+1}^H u(C_{t+1}^H)) \qu\quad (5-7)$$

$$W_t^H u(C_t^H) = \frac{\tau^H}{1 - N_t^H} \qu\quad\quad (5-8)$$

$$\frac{u(C_t^H)}{A_t^K}\left(1 + \frac{\partial ACK_t^H}{\partial K_t^H}\right) = \beta^H E_t\left(\left(R_{t+1}^M Z_{t+1}^{KH} + \frac{1 - \delta_{t+1}^{KH}}{A_t^K}\right)u(C_{t+1}^H)\right) \qu\quad (5-9)$$

$$q_t u(C_t^H) = u(H_t^H) + \beta^H E_t(q_{t+1} u(C_{t+1}^H)) \qu\quad (5-10)$$

5.1.1.2 借贷型家庭

与储蓄型家庭一样，借贷型家庭同样通过选择当期消费 C_t^I、购买的房地产的量 H_t^I 以及工作时间 N_t^I 来最大化自身的效用，其目标函数如式（5-11）所示：

$$\max E_0 \sum_{t=0}^{\infty} \beta_t^I(A_t^P(1-\eta)\log(C_t^I - \eta C_{t-1}^I) + jA_t^jA_t^P\log H_t^I + \tau^I\log(1 - N_t^I))$$

$$(5-11)$$

在式（5-11）中，β^I 表示借贷型家庭的主观贴现因子，A_t^P 表示家庭部门消费偏好和房地产偏好的联合冲击（总支出冲击），A_t^j 表示对房地产需求的冲击，η 测量了外部的消费习惯程度，j 和 τ^I 分别表示购买的房地产 H_t^I 以及付出的工作时间 N_t^I 相对于消费 C_t^I 带来的效用大小。

不同于储蓄型家庭的是，借贷型家庭除了通过工作获得劳动收入外，还可以向银行部门借款，但是借贷型家庭不持有实物资产。因此，借贷型家庭在进行最优化选择时，会受到式（5-12）的约束。

$$C_t^I + q_t(H_t^I - H_{t-1}^I) + R_{t-1}^I L_{t-1}^I + ACL_t^I = W_t^I N_t^I + L_t^I + \varepsilon_t^I \qu\quad (5-12)$$

其中，L_t^I 表示银行向借贷型家庭提供的贷款数量，借贷型家庭支付的单位贷款成本为 R_t^I，ACL_t^I 表示借贷型家庭向银行借款的调整成本，与储蓄型家庭中的资本和存款的外部调整成本一样，借款成本是二次凸函数，可以表示为式（5-13）所示。ε_t^I 是家庭部门与银行部门之间的再分配冲击（同样的冲击，带有相反的符号，也出现在银行家的预算约束中），表示从家庭获得的银行损失，即财富在家庭部门和银行部门的再分配。

$$ACL_t^I = \frac{\varphi^{II}}{2} \frac{(L_t^I - L_{t-1}^I)^2}{L^I} \tag{5-13}$$

借贷型家庭除了受到预算约束外，还受到银行部门的贷款限制。其借款能力与固定资产（即房产价值）的未来价值的现值有关。借贷型家庭受到银行部门的贷款约束可以表述成式（5-14）所示。

$$L_t^I \leqslant \rho^I L_{t-1}^I + (1 - \rho^I) m_I A_t^{MI} E_t \left(\frac{q_{t+1}}{R_t^I} H_t^I \right) \tag{5-14}$$

在式（5-14）中，借贷型家庭当期获得的贷款数量 L_t^I 受到两个方面的影响：一是受到上期获得的贷款数量的影响，二是受到所持有的房地产未来价值的影响。其中，ρ^I 表示上期贷款数量对当期贷款数量影响的权重，该系数表明，随着时间的推移，借贷型家庭受到的借款约束在缓慢调整。实际上，银行并不是每季度都会重新调整借款限额，而借贷型家庭的贷款在长期均衡上来看，与房地产价值有关。m_I 表示借贷型家庭抵押物的折算系数，即房产抵押率，通过借贷型家庭从银行获得的房地产抵押贷款与房地产总价值之比来进行衡量，该值与借贷型家庭部门持有的房地产价值共同决定着其所面对的杠杆约束；A_t^{MI} 指的是借贷型家庭贷款能力的外来冲击，可以视为家庭部门的杠杆约束冲击。正向的冲击可使得借贷型家庭在抵押物不变的情况下获得的抵押贷款增加。例如，在外生政策的调控下，银行放宽筛选程序、国家放宽房地产的首付比例等，导致房贷抵押率发生变化，家庭部门可以拥有更高的杠杆率，银行部门能够以给定数量的抵押物提供更多的贷款。在本书模型中，假定该冲击满足一阶自回归过程。β^I 表示借贷型家庭的主观贴现因子，如果 β^I 低于借贷型家庭和银行家的折现因子的加权平均值，则借款约束在稳态附近成立。

如果将借贷型家庭消费的边际效用 $u(C_t^I)$ 表示为式（5-15），购房的边际效用 $u(H_t^I)$ 表示为式（5-16），并且用 λ_t^I 表示通过消费边际效用归一化的借贷约束乘数，则在最优条件下，借贷型家庭获得的贷款数量［式（5-17）］、劳动力供应［式（5-18）］以及房地产需求［式（5-19）］的一阶条件可以表示如下：

$$u(C_t^I) = \frac{A_t^P (1 - \eta)}{C_t^I - \eta C_{t-1}^I} \tag{5-15}$$

$$u(H_t^I) = \frac{jA_t^j A_t^P}{H_t^I} \tag{5-16}$$

$$\left(1 - \frac{\partial ACL_t^I}{\partial L_t^I} - \lambda_t^I\right)u(C_t^I) = \beta^I E_t(R_{t+1}^I - \rho^I \lambda_{t+1}^I)u(C_{t+1}^I) \tag{5-17}$$

$$W_t^I u(C_t^I) = \frac{\tau^I}{1 - N_t^I} \tag{5-18}$$

$$\left(q_t - \lambda_t^I(1-\rho^I)m_I A_t^{MI} E_t \frac{q_{t+1}}{R_t^I}\right)u(C_t^I) = u(H_t^I) + \beta^I E_t(q_{t+1}u(C_{t+1}^I)) \tag{5-19}$$

5.1.2 银行家的行为决策

在本章模型中,代表性银行家将通过选择每一期的消费水平 C_t^B 来最大化自身的效用。代表性银行家的效用函数如式(5-20)所示。

$$\max E_0 \sum_{t=0}^{\infty} \beta_t^B (1-\eta)\log(C_t^B - \eta C_{t-1}^B) \tag{5-20}$$

其中, β^B 表示银行家的主观贴现因子,满足 $\beta^E < \beta^B < \beta^I < \beta^H$。银行家作为资金的中介,通过向借贷型家庭和企业家发放从储蓄型家庭吸收到的存款进而赚取中间利差。对于代表性银行家来说,在最大化其效用函数时会受到式(5-21)的约束,其中 ε_t^I、ε_t^E 是再分配冲击,分别表示财富在家庭部门和银行部门以及银行部门和企业部门之间的再分配。

$$C_t^B + R_t^H D_{t-1} + L_t^E + L_t^I + ACD_t^B + ACE_t^B + ACL_t^B$$
$$= D_t + R_t^E L_{t-1}^E + R_t^I L_{t-1}^I - \varepsilon_t^E - \varepsilon_t^I \tag{5-21}$$

在式(5-21)中, L_t^E 表示代表性银行家向代表性企业家发放的贷款; L_t^I 表示银行家向借贷型家庭发放的贷款; R_t^E 是银行家对企业家发放贷款的单位收益,对于企业家来说就是贷款的单位成本; R_t^I 是银行家对借贷型家庭发放贷款的单位收益; ACD_t^B 是银行家进行投资组合贷款的外部调整成本,可以表示为式(5-22)所示; ACE_t^B 是银行家给企业家发放贷款的外部调整成本,可以表示为式(5-23)所示; ACL_t^B 是银行家给借贷型家庭发放贷款的外部调整成本,可以表示为式(5-24)所示。

$$ACD_t^B = \frac{\varphi^{DB}}{2}\frac{(D_t - D_{t-1})^2}{D} \tag{5-22}$$

$$ACE_t^B = \frac{\varphi^{EB}}{2} \frac{(L_t^E - L_{t-1}^E)^2}{L^E} \qquad (5-23)$$

$$ACL_t^B = \frac{\varphi^{IB}}{2} \frac{(L_t^I - L_{t-1}^I)^2}{L^I} \qquad (5-24)$$

代表性银行家除了受到预算约束外，还会受以下形式的资本充足率约束：

$$L_t - D_t - E_t\varepsilon_{t+1} \geqslant \rho^D(L_{t-1} - D_{t-1} - E_{t-1}\varepsilon_t) + (1-\gamma)(1-\rho^D)(L_t - E_t\varepsilon_{t+1})$$
$$(5-25)$$

其中，$L_t = L_t^E + L_t^I$，表示银行家的贷款总量，$\varepsilon_t = \varepsilon_t^E + \varepsilon_t^I$，表示银行家的贷款损失。上述约束表明，银行家的净资产必须超过银行总资产的一小部分，才能对 ρ^D 给出的银行资本进行部分调整。在式（5-25）中，只要 ρ^D 不等于零，银行的资本资产比率就可以暂时偏离其长期目标 γ。上述约束条件还可以改写为以下形式的杠杆约束：

$$D_t \leqslant \rho^D(D_{t-1} - (L_{t-1} - E_{t-1}\varepsilon_t)) + (1-(1-\gamma)(1-\rho^D))(L_t - E_t\varepsilon_{t+1})$$
$$(5-26)$$

其中不等式右端第一项表示上期留在银行部门的资金，第二项表示银行的贷款总量。令 λ_t^B 表示通过消费边际效用归一化的借贷约束乘数，$u(C_t^B)$ 表示代表性银行家的边际消费函数，银行家可以通过选择吸收存款数量 D_t [式（5-27）]、选择给企业家发放的贷款数量 L_t^E [式（5-28）] 和选择给借贷型家庭发放的贷款数量 L_t^I [式（5-29）] 来最大化自身效用。

$$\left(1 - \lambda_t^B - \frac{\partial ACD_t^B}{\partial D_t}\right)u(C_t^B) = \beta^B E_t((R_{t+1}^H - \rho^D\lambda_{t+1}^B)u(C_{t+1}^B)) \quad (5-27)$$

$$\left(1 - (\gamma^E(1-\rho^D) + \rho^D)\lambda_t^B + \frac{\partial ACE_t^B}{\partial L_t^E}\right)u(C_t^B)$$
$$= \beta^B E_t((R_{t+1}^E - \rho^D\lambda_{t+1}^B)u(C_{t+1}^B))$$
$$(5-28)$$

$$\left(1 - (\gamma^I(1-\rho^D) + \rho^D)\lambda_t^B + \frac{\partial ACL_t^B}{\partial L_t^I}\right)u(C_t^B)$$
$$= \beta^B E_t((R_{t+1}^I - \rho^D\lambda_{t+1}^B)u(C_{t+1}^B))$$
$$(5-29)$$

5.1.3 企业家的行为决策

与家庭部门和银行家的行为决策分析一致，企业家们通过选择每一期的消费水平 C_t^E 来最大化自身的效用。企业家的效用函数如式（5-30）所示。

$$\max E_0 \sum_{t=0}^{\infty} \beta_t^E (1 - \eta) \log(C_t^E - \eta C_{t-1}^E) \qquad (5-30)$$

其中，β^E 表示企业家的主观贴现因子，为了能够产生内在的借贷机制，企业家的贴现因子应满足 $\beta^E < \beta^I < \beta^H$。企业家的约束条件可以表示为式（5-31）：

$$C_t^E + \frac{K_t^E}{A_t^K} + q_t(H_t^E - H_{t-1}^E) + R_t^E L_{t-1}^E + W_t^H N_t^H +$$

$$W_t^I N_t^I + R_t^M Z_t^{KH} K_{t-1}^H + ACK_t^E + ACL_t^E \qquad (5-31)$$

$$= Y_t + \frac{1 - \delta_t^{KE}}{A_t^K} K_{t-1}^E + L_t^E + \varepsilon_t^E$$

其中，$q_t(H_t^E - H_{t-1}^E)$ 表示企业家当期对房地产的净投入，$R_t^E L_{t-1}^E$ 是指企业家当期偿还的上一期借款的本息和，$W_t^H N_t^H$ 指的是当期需支付给储蓄型家庭的工人工资，$W_t^I N_t^I$ 指的是当期需支付给借贷型家庭工人工资，$R_t^M Z_t^{KH} K_{t-1}^H$ 表示企业家向储蓄型家庭租用的实物资产所付出的成本。储蓄型家庭拥有实物资本 K_t^H，并以租金率 R_t^M 向企业家提供实物资产为 $Z_t^{KH} K_t^H$ 的租用服务，其中 Z_t^{KH} 为家庭部门实物资产的出租率。参数 δ_t^{KE} 表示实物资本的物理折旧，D_t 表示家庭部门每一期的存款，q_t 是用消费单位最终产品表示的房地产价格，L_t^E 表示企业家从银行获得的贷款总量。ACK_t^E 是企业家资本变动的外部调整成本，可以表示为式（5-32），ACL_t^E 是企业家贷款的外部调整成本，可以表示为式（5-33）。

$$ACK_t^E = \frac{\varphi^{KE}}{2} \frac{(K_t^E - K_{t-1}^E)^2}{K^E} \qquad (5-32)$$

$$ACL_t^E = \frac{\varphi^{EE}}{2} \frac{(L_t^E - L_{t-1}^E)^2}{L^E} \qquad (5-33)$$

企业部门通过积累房地产，雇用家庭部门的劳动力进行生产，企业家的资金来源于银行借款，企业家的生产函数可以表示为科布-道格拉斯生产函数形式，即式（5-34）所示。

$$Y_t = A_t^Z (Z_t^{KH} K_{t-1}^H)^{\alpha(1-\mu)} (Z_t^{KE} K_{t-1}^E)^{\alpha\mu} (H_{t-1}^E)^{\nu} (N_t^H)^{(1-\alpha-\nu)(1-\sigma)} (N_t^S)^{(1-\alpha-\nu)\sigma}$$

$$(5-34)$$

式（5-34）中，A_t^Z 表示企业部门的技术水平。此外，本模型还引入了企业贷款的约束条件，即企业的融资需要固定资产作为抵押品（Kiyotaki 和 Moore，1997），不等式（5-35）左边是企业能够向银行借到的最大贷款水平，不等式右边是企业当前预计的未来固定资产（房地产）在当前的价值的一部分，m_H 表示企业的借款最多不能超过房地产价值的比例，m_K 表示企业的借款最多不能超过实物资本的比例，m_N 表示企业必须预先支付的工资比例。从企业部门借款的长期稳态来看，企业部门的贷款水平与自身持有的房地产的价值、实物资本的水平以及需要支付给工人的工资水平三个因素相关，其中 m_H、m_K 和 m_N 可以看成抵押物的抵押系数。A_t^{ME} 是企业部门贷款冲击，即企业部门的杠杆约束冲击。

$$L_t^E \leqslant \rho^E L_{t-1}^E + (1 - \rho^E) A_t^{ME} \left(m_H E_t \left(\frac{q_{t+1}}{R_{t+1}^E} H_t^E \right) + m_K K_t^E - m_N (W_t^H N_t^H + W_t^I N_t^I) \right)$$

$$(5-35)$$

令 λ_t^E 表示通过消费边际效用归一化的借贷约束乘数，$u(C_t^E)$ 表示银行部门的边际消费函数，企业家可以通过选择贷款数量 L_t^E [式（5-36）]、持有的实物资本数量 K_t^E [式（5-37）] 以及选择房地产数量 H_t^E [式（5-38）] 来最大化自身效用。

$$\left(1 - \lambda_t^E - \frac{\partial ACE_t^E}{\partial L_t^E} \right) u(C_t^E) = \beta^E E_t \left((R_{t+1}^E - \rho^E \lambda_{t+1}^E) u(C_{t+1}^E) \right) \quad (5-36)$$

$$\left(1 + \frac{\partial ACK_t^E}{\partial K_t^E} - \lambda_t^E (1 - \rho^E) m_K A_t^{ME} \right) u(C_t^E)$$

$$= \beta^E E_t \left((1 - \delta_{t+1}^{KE} + R_{t+1}^K Z_{t+1}^{KE}) u(C_{t+1}^E) \right)$$

$$(5-37)$$

$$\left(q_t - \lambda_t^E (1 - \rho^E) m_H A_t^{ME} E_t \frac{q_{t+1}}{R_{t+1}^E} \right) u(C_t^E) = \beta^E E_t \left(q_{t+1} (1 + R_{t+1}^V) u(C_{t+1}^E) \right)$$

$$(5-38)$$

5.1.4 市场出清条件

如果将房地产的总供应量归一化，那么模型中房地产市场的出清条件可以表示为式（5-39）。由瓦尔拉斯定理可知，当房地产市场出清后，商品市场自动出清。

$$H_t^H + H_t^I + H_t^E = 1 \qquad (5-39)$$

5.2 模型稳态求解

5.2.1 异质性家庭部门的稳态条件

储蓄型家庭的预算约束的稳态情况可以用式（5-40）表示，即在稳态情况下，储蓄型家庭部门的消费取决于拥有的实物资本带来的净收益（即租借实物资产获得的收益与实物资产折旧之差）、净存款（单位存款收益与存款之差）以及劳动报酬。

$$C^H = (R^{KH} - \delta^{KH})K^H + (R^H - 1)D + W^H N^H \qquad (5-40)$$

储蓄型家庭消费的边际效用 $u(C_t^H)$ 以及购买房地产的边际效用 $u(H_t^H)$ 的稳态情况分别用式（5-41）和式（5-42）表示。

$$u(C^H) = \frac{1}{C^H} \qquad (5-41)$$

$$u(H^H) = \frac{j}{H^H} \qquad (5-42)$$

储蓄型家庭最优条件下的家庭存款、劳动力供应、资本供应以及房地产需求的稳态条件可以表述为以下方程：

$$R^H = \frac{1}{\beta^H} \qquad (5-43)$$

$$\frac{W^H}{C^H} = \frac{\tau^H}{1 - N^H} \qquad (5-44)$$

$$R^M = \frac{1}{\beta^H} - (1 - \delta^{KH}) \qquad (5-45)$$

$$(1 - \beta^H)\frac{q}{C^H} = \frac{j}{H^H} \qquad (5-46)$$

同理，可以得到借贷型家庭部门的预算约束稳态条件，从式（5-47）中可以看到，借贷型家庭部门在稳态条件下，其消费取决于劳动收入和从银行部门获得的净贷款（即获得的贷款额与付出的贷款成本之差）。

$$C^I + (R^I - 1)L^I = W^I N^I \qquad (5-47)$$

借贷型家庭除了受到预算约束外，还受到银行部门的贷款限制。其借款能力的稳态条件可以写成式（5-48）所示，即从稳态情况下来看，借贷型家庭部门的借款与其持有的房地产价值有关。

$$L^I = m_I \frac{q}{R^I} H^I \qquad (5-48)$$

借贷型家庭消费的边际效用 $u(C_t^I)$ 以及购买房地产的边际效用 $u(H_t^I)$ 的稳态情况分别用式（5-49）和式（5-50）表示。

$$u(C^I) = \frac{1}{C^I} \qquad (5-49)$$

$$u(H^I) = \frac{j}{H^I} \qquad (5-50)$$

在最优条件下，借贷型家庭获得的贷款数量、劳动力供应以及房地产需求的一阶条件稳态模型可以表示成如下所示。

$$(1 - \lambda^I) = \beta^I (R^I - \rho^I \lambda^I) \qquad (5-51)$$

$$\frac{W^I}{C^I} = \frac{\tau^I}{1 - N^I} \qquad (5-52)$$

$$\left(q - \lambda^I (1 - \rho^I) m_I \frac{q}{R^I} \right) H^I = jC^I + \beta^I q H^I \qquad (5-53)$$

5.2.2 银行家的稳态条件

银行部门的预算约束条件的稳态情况可以表示成式（5-54）所示，即银行部门消费的稳态值与收到的净贷款值（从储蓄型家庭部门获得的贷款与支付给储蓄型家庭部门的利息之差）、从借贷型家庭获得的贷款收益以及从企业部门获得的贷款收益相关。

$$C^B = (1 - R^H) D + (R^E - 1) L^E + (R^I - 1) L^I \qquad (5-54)$$

银行部门收到的存款与贷款之间的关系如式（5-55）所示：

$$D = \gamma^E L^E + \gamma^I L^I \qquad (5-55)$$

银行部门吸收存款数量 D_t、选择给企业家发放的贷款数量 L_t^E 和选择给借贷型家庭发放的贷款数量 L_t^I 的稳态条件则可以表示为式（5-56）至式（5-58）所示。

$$\lambda^B = \frac{1 - \beta^B R^H}{1 - \beta^B \rho^D} \qquad (5-56)$$

$$R^E = \frac{1}{\beta^B} - \frac{(1 - \beta^B) \rho^D + (1 - \rho^D) \gamma^E}{\beta^B} \lambda^B \qquad (5-57)$$

$$R^I = \frac{1}{\beta^B} - \frac{(1-\beta^B)\rho^D + (1-\rho^D)\gamma^I}{\beta^B}\lambda^B \qquad (5-58)$$

5.2.3 企业家的稳态条件

企业部门的预算约束的稳态情况可以写成式（5-59）所示。对于企业而言，其稳态下的消费是收入与支出的差值，其中收入部分主要包括企业的产出以及从银行获得的贷款，而支出部门主要包括给家庭部门的工资、偿还从家庭部门租借实物资产的租金、偿还银行的贷款成本以及拥有的实物资产的物理折旧。

$$C^E + W^H N^H + W^I N^I + R^{KH} K^H = Y - \delta^{KE} K^E + (1-R^E)L^E \qquad (5-59)$$

企业家的生产函数可以表示为科布-道格拉斯生产函数形式，在稳态情况下可以表示成式（5-60）所示。

$$Y = (K^H)^{\alpha(1-\mu)} (Z^{KE} K^E)^{\alpha\mu} (H^E)^{\upsilon} (N^H)^{(1-\alpha-\upsilon)(1-\sigma)} (N^I)^{(1-\alpha-\upsilon)\sigma}$$
$$(5-60)$$

企业部门稳态条件下的贷款主要与拥有的房地产价值、实物资产价值以及需要支付给家庭部门的工资相关。

$$L^E = m_H \frac{q}{R^E} H^E + m_K K^E - m_N (W^H N^H + W^I N^I) \qquad (5-61)$$

企业家选择贷款数量 L_t^E、持有的实物资本数量 K_t^E 以及选择房地产数量 H_t^E 的稳态条件如式（5-62）至式（5-64）所示。

$$\lambda^E = \frac{1 - \beta^E R^E}{1 - \beta^E \rho^E} \qquad (5-62)$$

$$R^K = \frac{1}{\beta^E} - (1-\delta^{KE}) - \frac{\lambda^E m_K}{1-\lambda^E} \qquad (5-63)$$

$$R^V = \frac{1}{\beta^E} - 1 - \frac{\lambda^E(1-\rho^E)m_H}{\rho^E R^E} \qquad (5-64)$$

5.2.4 市场出清的稳态条件

将房地产的总供应量归一化，模型中房地产市场出清的稳态条件可以表示为式（5-65），即：

$$H^H + H^I + H^E = 1 \qquad (5-65)$$

5.3 数值模拟分析

5.3.1 参数校准

本书所建立的理论模型不存在显示解，我们将采用数值算法求解模型。本节将对模型参数进行校准（表5－1是对模型参数校准情况的总结）。

表5－1 参数校准情况

	参数	描述	取值	来源
家庭部门	β^H	储蓄型家庭贴现因子	0.9925	稳态值校准
	β^I	借贷型家庭贴现因子	0.9875	稳态值校准
	j	房地产投资偏好	0.0750	Iacoviello，2015
	τ	劳动力供给弹性	2.0000	王云清等，2013
	m_I	借贷型家庭房地产贷款价值比	0.9000	Iacoviello，2015
	δ^{KH}	家庭部门资本折旧因子	0.0250	康立和龚六堂，2014
银行部门	β^B	银行家贴现因子	0.9900	稳态值校准
	γ^E	银行与企业间资产负债率	0.9000	Iacoviello，2015
	γ^I	银行与借贷型家庭间资产负债率	0.9000	Iacoviello，2015
企业部门	β^E	企业家贴现因子	0.9875	稳态值校准
	α	资本产出弹性	0.4500	高然等，2018
	δ^{KE}	企业部门资本折旧因子	0.0250	康立和龚六堂，2014
	m^H	企业部门房地产贷款价值比	0.9000	Iacoviello，2015
	m^K	企业部门资本贷款价值比	0.9000	Iacoviello，2015
	m^N	预先支付的工资比例	1.0000	Iacoviello，2015

首先，我们校准家庭部门参数。储蓄型家庭贴现因子取0.9925，从而使稳态时年度存款利率为3%；借贷型家庭贴现因子取0.9875，从而使稳态时年度贷款利率为5%；劳动力效用权重与汪勇等（2018）保持一致，取值为3.88；劳动供给弹性取值为2（王云清等，2013）；家庭部门的资本折旧率为0.025，即年折旧率为10%，这与康立和龚六堂（2014）的研究保持一致；按

照 Iacoviello（2015）的研究，本书将房地产投资偏好设定为 0.075，借贷型家庭借贷约束设定为 0.7，借贷型家庭房地产贷款价值比设定为 0.9，以保持一致。

其次，对银行部门进行参数校准。银行家贴现因子取 0.99，从而使模型中的信贷约束在稳态附近等式成立，银行与企业间资产负债率取值为 0.9，银行与借贷型家庭间资产负债率取值为 0.9，这与 Iacoviello（2015）的研究保持一致。

最后，对生产部门进行参数校准。企业家贴现因子取 0.9875，从而使稳态时年度贷款利率为 5%，与借贷型家庭的贴现因子保持一致。国外相关文献对资本产出弹性的取值一般在 0.3～0.4 之间。中国学者对资本产出弹性的值进行了修正，如张军（2002）的估计值为 0.499，仝冰（2017）的取值为 0.43，普遍高于国外文献中的常用值。所以，本书以高然等（2018）估算的 0.45 作为参数的取值较为合理。资本折旧率为 0.025，即年折旧率为 10%，这与康立和龚六堂（2014）的研究保持一致；企业部门房地产贷款价值比、企业部门资本贷款价值比的取值为 0.9，预先支付的工资比例为 1，这与 Iacoviello（2015）的研究保持一致。

表 5-2 和表 5-3 通过收集整理中国实际数据，对结构性参数和冲击过程进行估计。本节收集了 2007 年第一季度到 2016 年第二季度的家庭部门消费水平、固定资产投资水平、土地价格指数、家庭部门贷款、企业部门贷款、家庭部门不良贷款余额、企业部门不良贷款余额以及全要素生产率等 8 组数据。其中，家庭部门消费水平、固定资产投资水平以及土地价格指数的数据来源于 Chang 等（2016）、Higgins 和 Zha（2015）的研究整理①，对数据进行对数处理，并去除了时间趋势；家庭部门贷款和企业部门贷款数据来源于中国人民银行调查统计司②，通过笔者手动整理获取，并对数据进行对数处理后去除了时间趋势；家庭部门不良贷款余额和企业部门不良贷款余额的数据来源于万得数据库的中国宏观经济数据，对数据进行对数处理后去除了时间趋势；中国宏观全要素生产率数据来源于人大经济论坛整理所得③，同样对数据进行对数处理后去除了时间趋势。

---

① 数据来源：上海交通大学宏观金融研究中心，http://cmf. cafr. cn/data/listpage。

② 数据来源：中国人民银行调查统计司，http://www. pbc. gov. cn/diaochatongjisi/116219/index. html。

③ 数据来源：人大经济论坛，https://bbs. pinggu. org/a-2950130. html。

表5-2 结构性参数的估计

参数	描述	先验分布	后验均值	90%置信区间	
η	消费习惯	beta	0.2770	0.1757	0.3749
φ^{DB}	银行存款调整成本系数	gamm	0.2522	0.0666	0.4381
φ^{DH}	家庭存款调整成本系数	gamm	0.3195	0.1620	0.4794
φ^{KE}	企业资本调整成本系数	gamm	1.7036	0.5409	2.8192
φ^{KH}	家庭资本调整成本系数	gamm	1.1741	0.2316	2.0694
φ^{EB}	企业贷款银行成本调整系数	gamm	0.1961	0.0424	0.3447
φ^{EE}	企业贷款企业成本调整系数	gamm	0.1749	0.0469	0.2928
φ^{HB}	家庭贷款银行成本调整系数	gamm	0.2277	0.0748	0.3675
φ^{BH}	家庭贷款家庭成本调整系数	gamm	0.2577	0.0815	0.4097
μ	生产中企业资本份额	beta	0.5801	0.4472	0.7094
v	生产中房地产份额	beta	0.0286	0.0159	0.0411
ρ^D	银行资本充足率约束系数	beta	0.2698	0.0866	0.4426
ρ^E	企业借贷约束系数	beta	0.7267	0.6271	0.8232
ρ^I	借贷型家庭借贷约束系数	beta	0.7238	0.6309	0.8178
σ	借贷型家庭工资份额	beta	0.5569	0.4321	0.6800

从表5-2中可以发现，生产中企业资本份额为0.58，略高于先验值0.5。受约束家庭的工资份额 σ 为0.56，产出对企业家房地产的弹性估计为0.03，这意味着商业房地产与年产值的稳态比约为0.3。家庭和企业家的借贷约束限制（超过0.7）比银行的资本充足率（0.27）限制大得多。有趣的是，借款约束的惯性与众所周知的观察结果一致，即各种信贷量指标倾向于滞后于商业周期，而不是领先于商业周期。

表5-3报告了对冲击过程的估计。本节假设所有参数都是先验的。从后验均值以及后验分布的10%和90%置信区间可以看到，冲击的自相关系数的范围为0.6755至0.9995，说明所估计的全部冲击都是相当持久的。

表5-3 冲击过程的估计

参数	描述	先验分布	后验均值	90%置信区间	
ρ^{be}	企业违约冲击自回归系数	beta	0.8999	0.8565	0.9448
ρ^{bi}	家庭违约冲击自回归系数	beta	0.9958	0.9923	0.9991

参数	描述	先验分布	后验均值	90%置信区间	
ρ^j	房地产需求冲击自回归系数	beta	0.9775	0.9657	0.9904
ρ^k	投资冲击自回归系数	beta	0.7980	0.6755	0.9304
ρ^{me}	企业杠杆率冲击自回归系数	beta	0.8917	0.8161	0.9793
ρ^{mi}	家庭杠杆率冲击自回归系数	beta	0.7766	0.6454	0.8925
ρ^p	偏好冲击自回归系数	beta	0.9968	0.9940	0.9995
ρ^z	技术冲击自回归系数	beta	0.9407	0.8979	0.9850
σ^{be}	企业违约冲击标准差	invg	0.0639	0.0476	0.0810
σ^{bi}	家庭违约冲击标准差	invg	0.0683	0.0497	0.0873
σ^j	房地产需求冲击标准差	invg	0.2490	0.1466	0.3577
σ^k	投资冲击标准差	invg	0.0031	0.0017	0.0044
σ^{me}	企业杠杆率冲击标准差	invg	0.0445	0.0257	0.0619
σ^{mi}	家庭杠杆率冲击标准差	invg	0.0553	0.0369	0.0730
σ^p	偏好冲击标准差	invg	0.1133	0.0823	0.1450
σ^z	技术冲击标准差	invg	0.0052	0.0039	0.0067

5.3.2 传导机制分析

本书所建立的模型共有8个外生冲击，即企业部门受到的再分配冲击 ε_t^E、借贷型家庭受到的再分配冲击 ε_t^I、家庭部门对房地产需求的冲击 A_t^j、家庭部门对消费偏好和房地产偏好的联合冲击 A_t^P、企业部门的技术冲击 A_t^Z、特定于投资的技术冲击 A_t^K、借贷型家庭受到的贷款能力外来冲击 A_t^{MI} 及企业部门受到的贷款能力外来冲击 A_t^{ME}。本书假定所有冲击均满足均值为0的一阶自回归模型，并且由于本书主要分析杠杆约束对经济波动的影响，因此，为了更加突出研究主题，本节主要分析企业部门受到的再分配冲击 ε_t^E、借贷型家庭受到的再分配冲击 ε_t^I 以及借贷型家庭受到的贷款能力外来冲击 A_t^{MI}、企业部门受到的贷款能力外来冲击 A_t^{ME} 等四个外生冲击对经济的影响。本章将表5-1至表5-3的参数赋值到稳态模型中，通过Matlab软件绘制相关图表。图5-1和图5-2是经济体中主要变量受到一个标准差的外生冲击后的脉冲反应图。

图5-1和图5-2分别是企业部门和家庭部门受到再分配冲击的脉冲反

应。从图5-1的脉冲反应中可以看到，当企业部门获得一个标准差的再分配冲击时（图5-1），总产出会增加。这是因为当企业部门受到再分配冲击时（即违约），资金从银行流向企业，企业拥有更多的资金用于生产，社会总投资上升，因此，社会总产出也上升，进而促进社会总消费上升。而从银行方面来看，当企业部门违约，银行的资产总量就会下降，用于贷款的资金也随之下降，因此社会总贷款量下降，企业和家庭的贷款量也会随之下降。由于企业违约，银行的资金成本上升，对企业和家庭部门要求的贷款成本上升，因此企业风险溢价和家庭风险溢价也会上升。

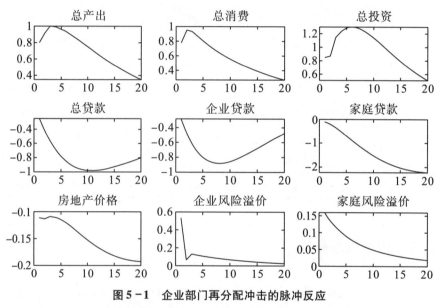

图5-1　企业部门再分配冲击的脉冲反应

注：将校准后的参数赋值到稳态模型中，利用 Matlab 软件绘制所得。下同。

图5-2是借贷型家庭部门违约时的脉冲反应。当家庭部门违约时，社会总产出下降。这是因为当家庭部门发生违约情况，会对企业部门的生产造成影响。银行的资金由家庭部门违约降低，因此能够用于贷款的资金下降，企业贷款下降，造成社会总投资下降，进而造成总产出下降。产出的下降进一步会导致消费的下降。由于家庭部门违约，银行的资金成本上升，对企业和家庭部门要求的贷款成本上升，因此企业风险溢价和家庭风险溢价也会上升。

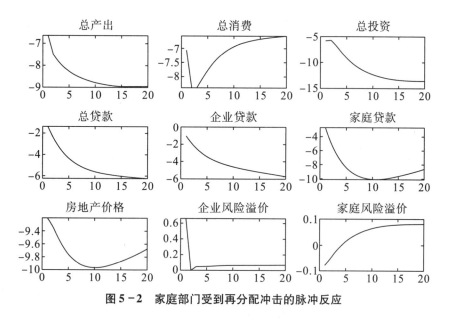

图 5-2 家庭部门受到再分配冲击的脉冲反应

图 5-3 和图 5-4 分别表示企业部门和家庭部门受到杠杆率冲击时，经济体各变量的脉冲反应。当企业受到杠杆率冲击时（即企业提高杠杆率），如图 5-3 所示，企业从银行获得的贷款数量上升，导致经济体总投资上升，总产出增加。产出增加反过来会进一步提高经济体整体福利水平，导致消费上升，家庭部门的储蓄增加，银行获得的资产上升，因此，借贷型家庭部门的贷款数量也会上升。由于经济体产出增加，银行净资产充足，因而经济体风险溢价下降。

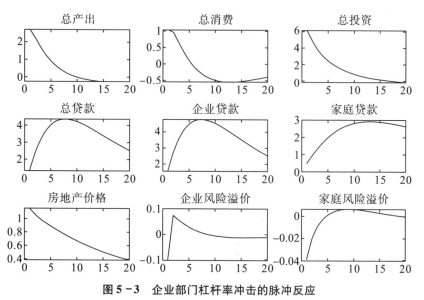

图 5-3 企业部门杠杆率冲击的脉冲反应

图5-4反映的是家庭部门扩大杠杆率时，经济体的脉冲图。当家庭部门扩大杠杆率时，即从银行部门获得更多贷款时，企业部门获得的贷款下降，进而社会总投资水平下降，产出水平下降，导致经济波动加剧。而经济体的总消费水平会由于家庭部门消费水平的上升而呈现增长态势。对于企业而言，家庭部门过多地吸收经济体的资源，使得企业的资源匮乏，生产成本进一步上升，导致企业的投资水平进一步下降，造成恶性循环。这是因为银行的金融摩擦放大了影响银行净资产的冲击，银行的资本约束限制了可以转化为投资品的储蓄额，因此会进一步放大对实体经济的影响。

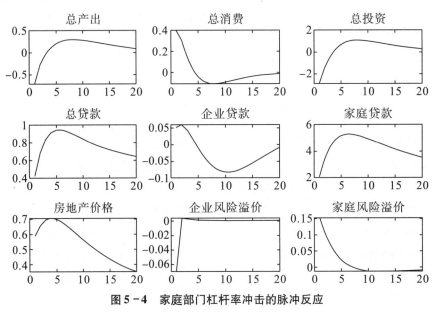

图5-4 家庭部门杠杆率冲击的脉冲反应

5.3.3 方差分解

对本章模型的主要变量进行方差分解，结果如表5-4所示。从方差分解的结果中可以看到，总产出受到家庭部门对消费偏好和房地产偏好的联合冲击 A_t^P 以及家庭部门的再分配冲击 ε_t^l 的影响较大，分别为47.49%和52.23%，同时也会受到企业杠杆率冲击的影响；总消费水平同样受到家庭部门对消费偏好和房地产偏好的联合冲击 A_t^P 以及家庭部门的再分配冲击 ε_t^l 的影响较大，两种冲击可以解释99%以上的消费变化；总投资除了受到家庭部门对消费偏好和房地产偏好的联合冲击 A_t^P 以及家庭部门的再分配冲击 ε_t^l 的影响外，还会受到企业部门的杠杆率冲击的影响；房地产价格的变化则是受家庭部门对消费偏好和房地产偏好的联合冲击 A_t^P 以及家庭部门的再分配冲击 ε_t^I 的影响；银行部门的贷款总量受到企业部门的杠杆率冲击达到 0.41%，而企业的贷款总量变化同样会受到企业杠杆率冲击的影响，家庭部门的贷款总量受家庭部门对消费偏好和房地产偏好的联合冲击 A_t^P 影响更大。企业风险溢价和家庭部门风险溢价与违约率冲击相关。

表 5-4　主要变量的方差分解结果（单位:%）

类别	ε_t^E	ε_t^I	A_t^j	A_t^K	A_t^{ME}	A_t^{MI}	A_t^P	A_t^Z
总产出	0.05	52.23	0.05	0.00	0.11	0.01	47.49	0.06
总消费	0.04	61.74	0.06	0.00	0.07	0.00	38.04	0.04
总投资	0.03	73.19	0.05	0.01	0.31	0.04	26.30	0.07
房地产价格	0.01	74.24	2.95	0.00	0.08	0.00	22.66	0.02
总贷款	0.02	98.99	0.13	0.00	0.41	0.02	0.41	0.01
企业贷款	0.02	99.46	0.10	0.00	0.37	0.01	0.04	0.01
家庭贷款	0.88	14.65	19.52	0.00	1.02	2.64	61.17	0.14
企业风险溢价	29.20	67.34	0.90	0.01	1.78	0.38	0.38	0.00
家庭风险溢价	12.56	74.30	4.05	0.00	0.30	5.15	3.58	0.06

注：将校准后的参数赋值到稳态模型中，利用 Matlab 软件绘制所得。

5.4　本章小结

2008 年全球金融危机爆发后，Geanakoplos（2010）首先用杠杆理论来解释此次金融危机，国内外学者广泛关注金融体系在经济周期中的影响，金融经济周期理论再一次进入人们的视角。该理论强调在内外部环境的冲击下，通过金融传导体系导致金融经济活动产生持续性波动和周期性变化。本书在 Iacoiello（2015）的基础上，将家庭部门、银行部门以及企业部门的杠杆约束融合在一起，探究杠杆冲击对经济波动的影响。

本章在基准模型的基础上，将家庭部门异质化，即分为储蓄型家庭和借贷型家庭，研究杠杆约束与经济波动之间的关系。通过数值模拟发现，经济体的衰退是由银行遭受的损失引发的，并且这种衰退会由于银行无法将信贷提供给实体部门而加剧。当银行持有的资本金低于监管要求时，银行的损失会要求通过注资或去杠杆化等方式进行弥补。通过去杠杆化，银行将最初的冲击转化为信贷约束，并且通过对企业部门的信贷将冲击进一步放大并扩散到实体经济中。研究发现，银行的金融摩擦会放大影响银行净资产的冲击，再分配冲击通过对银行净值产生较大影响进而直接影响银行动态和静态状态下的净值差额，而银行的资本约束限制了可以转化为投资品的储蓄额，因此会进一步放大对实体经济的影响。

后文将在第4章基准模型的基础上，进一步放开代表性企业部门的假设，即将企业部门异质化，分为国有企业和非国有企业，研究企业的异质性在杠杆约束下，如何影响经济波动。

6　企业异质性、杠杆约束与经济波动

　　本章在基准模型的基础上，探讨异质性企业杠杆约束与经济波动的动态关系。企业的异质性主要基于企业所有制背景的差异，将企业分为国有企业和非国有企业。学者研究认为，处于转型期的中国经济中存在大量的国有企业或国有控股企业，这些企业与民营企业相比在信贷受约束程度、产业分布、资本密集程度及生产效率等方面存在很大的差异（陈晓光和张宇麟，2010；Song 等，2011）。本书综合现有文献对国有企业和非国有企业的区别，从三个方面刻画国有企业和非国有企业的区别：一是国有企业相对于非国有企业来说生产效率较低（刘瑞明和石磊，2010；吴延兵，2012；Brandt 等，2012；孙晓华和李明珊，2016；张天华和张少华，2016），本书在模型设定时，用 ρ^{ε} 表示国有企业的效率损失，并将其体现在国有企业的生产函数之中。二是相比较非国有企业，国有企业的融资约束较小（Brandt 和 Zhu，2000；林毅夫和李志赟，2004；Dollar 和 Wei，2007；Bailey 等，2011；汪伟等，2013），在模型设定时，通过两个方面刻画国有企业的融资约束优势：其一，初始的实物资本较多，不需要租用家庭部门的实物资本；其二，在与银行进行借贷时，银行给予国有企业的抵押物折现系数更高，这样与非国有企业相比，相同的抵押物价值下，国有企业可以获得更大比例的融资。三是国有企业的社会责任中既有非经济目标的内容，也有经济目标的内容，国有企业应该比民营企业承担更多的社会责任（黄速建和余菁，2006；叶青和叶闽慎，2013；张宇，2016；郭婧和马光荣，2019），在模型设定时考虑国有企业需要预先支付的工资比例比非国有企业更高，以此来刻画国有企业的社会责任。

6.1 理论模型

6.1.1 家庭部门的行为决策

在本节的模型中，家庭仍是代表性家庭。假定代表性家庭通过选择每一期的消费 C_t^H、购买的房地产的量 H_t^H 以及工作时间 N_t^H 来最大化自身的效用。代表性家庭部门的效用函数如式（6-1）所示。

$$\max E_0 \sum_{t=0}^{\infty} \beta_t^H (A_t^P (1-\eta) \log(C_t^H - \eta C_{t-1}^H) + jA_t^j A_t^P \log H_t^H + \tau \log(1 - N_t^H))$$

$$(6-1)$$

式（6-1）中，β^H 表示家庭部门的主观贴现因子，A_t^P 表示对消费偏好和房地产偏好的联合冲击（总支出冲击），A_t^j 表示对房地产需求的冲击，η 测量了外部的消费习惯程度，j 和 τ 分别表示购买的房地产 H_t^H 以及付出的工作时间 N_t^H 相对于消费 C_t^H 带来的效用大小。

家庭部门通过工作获得劳动收入，并通过存款和出借实物资本获得资本性收入，并在每一期进行消费、购买房地产以及向银行存入定期存款。因此，家庭部门在进行最优化选择时，会受到式（6-2）的约束。

$$C_t^H + \frac{K_t^H}{A_t^K} + D_t + q_t(H_t^H - H_{t-1}^H) + ACK_t^H + ACD_t$$

$$= R_t^H D_{t-1} + W_t^H N_t^H + \left(R_t^{KH} Z_t^{KH} + \frac{1 - \delta_t^{KH}}{A_t^K} \right) K_{t-1}^H$$

$$(6-2)$$

在式（6-2）中，K_t^H 表示家庭部门拥有的实物资产；A_t^K 表示针对实物资产的特定投资技术冲击；D_t 表示家庭部门每一期的存款；q_t 是以消费单位最终产品表示的房地产价格；R_t^H 表示家庭部门存款获得的单位回报；W_t^H 表示家庭部门的单位劳动收入，即工资率；R_t^{KH} 表示家庭部门出租实物资产的单位租金；Z_t^{KH} 表示实物资产的出用率；δ_t^{KH} 表示实物资产的折旧率。

在式（6-2）中，ACK_t^H 和 ACD_t 分别表示家庭部门实物资产和存款的外部调整成本，其可以表示为如下所示：

$$ACK_t^H = \frac{\varphi^{KH}}{2} \frac{(K_t^H - K_{t-1}^H)^2}{K^H}$$

$$(6-3)$$

$$ACD_t = \frac{\varphi^{DH}}{2} \frac{(D_t - D_{t-1})^2}{D} \qquad (6-4)$$

其中，φ^{KH} 是家庭部门实物资产调整成本的系数，K^H 是家庭部门实物资本的稳态值；φ^{DH} 是家庭部门存款调整成本的系数，D 是家庭部门存款的稳态值。

如果将家庭消费的边际效用 $u(C_t^H)$ 表示为式（6-5），购房的边际效用 $u(H_t^H)$ 表示为式（6-6），则最优条件下的家庭存款［式（6-7）］、劳动力供应［式（6-8）］、资本供应［式（6-9）］以及房地产需求［式（6-10）］可以表述为以下方程：

$$u(C_t^H) = \frac{A_t^P(1-\eta)}{C_t^H - \eta C_{t-1}^H} \qquad (6-5)$$

$$u(H_t^H) = \frac{jA_t^j A_t^P}{H_t^H} \qquad (6-6)$$

$$u(C_t^H)\left(1 + \frac{\partial ACD_t^H}{\partial D_t}\right) = \beta^H E_t\left(R_t^H u(C_{t+1}^H)\right) \qquad (6-7)$$

$$W_t^H u(C_t^H) = \frac{\tau}{1 - N_t^H} \qquad (6-8)$$

$$\frac{u(C_t^H)}{A_t^K}\left(1 + \frac{\partial ACK_t^H}{\partial K_t^H}\right) = \beta^H E_t\left(\left(R_{t+1}^{KH} Z_{t+1}^{KH} + \frac{1 - \delta_{t+1}^{KH}}{A_{t+1}^K}\right)u(C_{t+1}^H)\right) \qquad (6-9)$$

$$q_t u(C_t^H) = u(H_t^H) + \beta^H E_t(q_{t+1}u(C_{t+1}^H)) \qquad (6-10)$$

6.1.2　银行家的行为决策

在本章模型中，代表性银行家将通过选择每一期的消费水平 C_t^B 来最大化自身的效用。代表性银行部门的效用函数如式（6-11）所示。

$$\max E_0 \sum_{t=0}^{\infty} \beta^B(1-\eta)\log(C_t^B - \eta C_{t-1}^B) \qquad (6-11)$$

其中，β^B 表示银行家的主观贴现因子，满足 $\beta^N < \beta^S < \beta^B < \beta^H$。银行部门是资金的中介，通过向借贷型家庭和企业家发放从储蓄型家庭吸收到的存款进而赚取中间利差。对银行部门来说，在最大化其效用函数时会受到式（6-12）的约束，其中 ε_t^S、ε_t^N 是再分配冲击，分别表示财富在国有企业部门和银行部门之间以及银行部门和非国有企业部门之间的再分配。

$$\begin{aligned} C_t^B + R_t^H D_{t-1} + L_t^S + L_t^N + ACD_t^B + ACL_t^B + ACN_t^B \\ = D_t + R_t^S L_{t-1}^S + R_t^N L_{t-1}^N - \varepsilon_t^S - \varepsilon_t^N \end{aligned} \qquad (6-12)$$

在式（6-12）中，L_t^S 表示向国有企业部门发放的贷款；L_t^N 表示向非国有企业发放的贷款，R_t^S 是国有企业贷款的单位成本，即银行对国有企业贷款的单位收益；R_t^N 是银行对非国有企业发放贷款的单位收益；ACD_t^B 是银行进行投资组合贷款的外部调整成本，可以表示为式（6-13）；ACS_t^B 是银行给企业家发放贷款的外部调整成本，可以表示为式（6-14）；ACN_t^B 是银行给借贷型家庭发放贷款的外部调整成本，可以表示为式（6-15）。

$$ACD_t^B = \frac{\varphi^{DB}}{2} \frac{(D_t - D_{t-1})^2}{D} \qquad (6-13)$$

$$ACS_t^B = \frac{\varphi^{SB}}{2} \frac{(L_t^S - L_{t-1}^S)^2}{L^S} \qquad (6-14)$$

$$ACN_t^B = \frac{\varphi^{NB}}{2} \frac{(L_t^N - L_{t-1}^N)^2}{L^N} \qquad (6-15)$$

银行除了受到预算约束外，还会受以下形式的资本充足率约束：

$$L_t - D_t - E_t \varepsilon_{t+1} \geqslant \rho^D (L_{t-1} - D_{t-1} - E_{t-1} \varepsilon_t) + (1 - \gamma)(1 - \rho^D)(L_t - E_t \varepsilon_{t+1})$$
$$(6-16)$$

其中，$L_t = L_t^S + L_t^N$ 表示银行的贷款总量，$\varepsilon_t = \varepsilon_t^S + \varepsilon_t^N$ 表示银行的贷款总损失。上述约束表明，银行的净资产必须超过银行总资产的一小部分，才能对 ρ^D 给出的银行资本进行部分调整。在式（6-16）中，只要 ρ^D 不等于零，银行的资本资产比率就可以暂时偏离其长期目标 γ。上述的约束条件还可以重写为以下形式的杠杆约束：

$$D_t \leqslant \rho^D (D_{t-1} - (L_{t-1} - E_{t-1} \varepsilon_t)) + (1 - (1 - \gamma)(1 - \rho^D))(L_t - E_t \varepsilon_{t+1})$$
$$(6-17)$$

令 λ_t^B 表示通过消费边际效用归一化的借贷约束乘数，银行家可以通过选择吸收存款数量 D_t［式（6-18）］、选择给国有企业部门发放的贷款数量 L_t^S［式（6-19）］和选择给非国有企业部门发放的贷款数量 L_t^N［式（6-20）］来最大化自身效用。

$$\left(1 - \lambda_t^B - \frac{\partial ACD_t^B}{\partial D_t}\right) u(C_t^B) = \beta^B E_t ((R_{t+1}^H - \rho^D \lambda_{t+1}^B) u(C_{t+1}^B)) \quad (6-18)$$

$$\left(1 - (\gamma^S (1 - \rho^D) + \rho^D) \lambda_t^B + \frac{\partial ACS_t^B}{\partial L_t^S}\right) u(C_t^B)$$
$$= \beta^B E_t ((R_{t+1}^S - \rho^D \lambda_{t+1}^B) u(C_{t+1}^B)) \qquad (6-19)$$

$$\left(1 - (\gamma^N(1-\rho^D) + \rho^D)\lambda_t^B + \frac{\partial ACS_t^B}{\partial L_t^N}\right)u(C_t^B)$$

$$= \beta^B E_t((R_{t+1}^N - \rho^D\lambda_{t+1}^B)u(C_{t+1}^B)) \qquad (6-20)$$

6.1.3 异质性企业家的行为决策

根据前文的设定，国有企业和非国有企业的区别主要集中在三个方面：首先是国有企业具有效率损失；其次是国有企业初始的实物资本较多，不需要租用家庭部门的实物资本，并且在与银行进行借贷时，银行给予国有企业的抵押物折现系数更高，这样与非国有企业相比，相同的抵押物价值下，国有企业可以获得更大比例的融资；最后是国有企业需要预先支付的工资比例比非国有企业更高，以此来刻画国有企业的社会责任。

6.1.3.1 国有企业家的行为决策

在异质性企业部门的模型中，国有企业家通过选择每一期的消费水平 C_t^S 来最大化自己的效用函数。国有企业家的效用函数如式（6-21）所示，其中，β^S 表示国有企业家的主观贴现因子，满足 $\beta^S < \beta^H$ 以产生内生的借贷机制。

$$\max E_0 \sum_{t=0}^{\infty} \beta_t^S (1-\eta)\log(C_t^S - \eta C_{t-1}^S) \qquad (6-21)$$

根据前文设定，国有企业具有政府背景，可以从银行部门借到足够的资金，受借贷约束的影响较小，且初始的实物资本较多，不需要租用家庭部门的实物资本，因此，国有企业部门受到如式（6-22）所示的预算约束。

$$C_t^S + \frac{K_t^S}{A_t^K} + q_t(H_t^S - H_{t-1}^S) + R_t^S L_{t-1}^S + \kappa W_t^H N_t^H + ACK_t^S + ACL_t^S$$

$$= Y_t^S + \frac{1 - \delta_t^{KS}}{A_t^K}K_{t-1}^S + L_t^S + \varepsilon_t^S \qquad (6-22)$$

其中，C_t^S 表示国有企业当期的消费；K_t^S 表示国有企业部门拥有的初始实物资产；A_t^K 表示针对实物资产的特定投资技术冲击；$q_t(H_t^S - H_{t-1}^S)$ 表示国有企业部门当期对房地产的净投入；$R_t^S L_{t-1}^S$ 是指国有企业部门当期偿还的上一期从银行获得贷款的本息和；$\kappa W_t^H N_t^H$ 指的是当期需支付给家庭部门的工资，其中 κ 表示家庭部门进入国有企业的工人比例；ACK_t^S 是国有企业部门实物资产变动的外部调整成本，可以表示为式（6-23）；ACL_t^S 是国有企业部门贷款的外部调整成本，可以表示为式（6-24）；Y_t^S 是国有企业部门的产出；δ_t^{KH} 表示实物资产的折旧率；L_t^S 表示从银行获得的贷款；ε_t^S 表示国有企业与银行间的再分配冲击。

$$ACK_t^S = \frac{\varphi^{KS}}{2} \frac{(K_t^S - K_{t-1}^S)^2}{K^S} \tag{6-23}$$

$$ACL_t^S = \frac{\varphi^{BS}}{2} \frac{(L_t^S - L_{t-1}^S)^2}{L^S} \tag{6-24}$$

国有企业部门通过积累房地产、雇佣家庭部门的劳动力进行生产，其资金来源于银行借款，企业家的生产函数采用科布-道格拉斯生产函数形式，即式（6-25）所示，其中 ρ^ξ 表示国有企业的效率损失。

$$Y_t^S = \rho^\xi A_t^Z (Z_t^{KS} K_{t-1}^S)^\alpha (H_{t-1}^S)^v (\kappa N_t^H)^{(1-\alpha-v)} \tag{6-25}$$

国有企业贷款的约束条件相比较于非国有企业而言，受到银行借贷约束的影响较小，国有企业的融资需要固定资产作为抵押品（Kiyotaki 和 Moore，1997）。不等式（6-26）左边指的是国有企业能够向银行借到的最大贷款水平，不等式右边是企业当前预计的未来固定资产（房地产）在当前的价值的一部分，m_{HS} 表示国有企业的借款最多不能超过房地产价值的比例，m_{KS} 表示国有企业的借款最多不能超过实物资本的比例，m_{NS} 表示企业必须预先支付的工资比例。相比较于非国有企业来说，国有企业受到的杠杆约束更小。因此，式（6-26）中的 ρ^S 更大，并且银行给予国有企业的抵押系数更大，即 m_{HS} 和 m_{NS} 相比较于非国有企业而言更高；与此同时，本书设定国有企业需要承担更多的社会责任，因此在式（6-26）中，m_{NS} 的值更大，即国有企业需要预先支付的工资比例比非国有企业更高。

$$L_t^S \leq \rho^S L_{t-1}^S + (1-\rho^S) A_t^{MS} \left(m_{HS} E_t \left(\frac{q_{t+1}}{R_{t+1}^S} H_t^S \right) + m_{KS} K_t^S - m_{NS} \kappa W_t^H N_t^H \right)$$

$$\tag{6-26}$$

令 λ_t^S 表示通过消费边际效用归一化的借贷约束乘数，国有企业部门通过选择每一期的贷款数量 L_t^S [式（6-27）]、持有的实物资产数量 K_t^S [式（6-28）] 以及选择房地产数量 H_t^S [式（6-29）] 来最大化自身效用。

$$\left(1 - \lambda_t^S - \frac{\partial ACL_t^S}{\partial L_t^S} \right) u(C_t^S) = \beta^S E_t((R_{t+1}^S - \rho^S \lambda_{t+1}^S) u(C_{t+1}^S)) \tag{6-27}$$

$$\left(1 - \frac{\partial ACK_t^S}{\partial K_t^S} - \lambda_t^S(1 - \rho^S)m_{KS}A_t^{MS}\right)u(C_t^S) \tag{6-28}$$

$$= \beta^S E_t((1 - \delta_{t+1}^{KS} + R_{t+1}^{KS}Z_{t+1}^{KS})u(C_{t+1}^S))$$

$$\left(q_t - \lambda_t^S(1 - \rho^S)m_{HS}A_t^{MS}\frac{q_{t+1}}{R_{t+1}^S}\right)u(C_t^S) \tag{6-29}$$

$$= \beta^S E_t(q_{t+1}(1 + R_{t+1}^{VS})u(C_{t+1}^S))$$

6.1.3.2 非国有企业家的行为决策

与国有企业部门的效用函数一样，非国有企业家通过选择每一期的消费水平 C_t^N 来最大化自己的效用函数。非国有企业家的效用函数如式（6-30）所示，其中，β^N 表示国有企业家的主观贴现因子，满足 $\beta^N < \beta^S < \beta^H$，以产生内在的借贷机制。

$$\max E_0 \sum_{t=0}^{\infty} \beta_t^N(1 - \eta)\log(C_t^N - \eta C_{t-1}^N) \tag{6-30}$$

与国有企业的区别之处在于，非国有企业由于自身资金不如国有企业雄厚，除了向银行借款以外，还需要从家庭部门中借入实物资产用于生产，因此，非国有企业部门的预算约束条件可以表述为式（6-31）。

$$C_t^N + \frac{K_t^N}{A_t^K} + q_t(H_t^N - H_{t-1}^N) + R_t^N L_{t-1}^N + (1 - \kappa)W_t^H N_t^H + R_t^{KH}Z_t^{KH}K_{t-1}^H$$

$$= Y_t^N + \frac{1 - \delta_t^{KN}}{A_t^K}K_{t-1}^N + L_t^N + \varepsilon_t^N - ACK_t^N - ACL_t^N$$

$$\tag{6-31}$$

在式（6-31）中，C_t^N 表示非国有企业当期的消费；K_t^N 表示非国有企业部门拥有的初始实物资本；A_t^K 表示针对实物资产的特定投资技术冲击；$q_t(H_t^N - H_{t-1}^N)$ 表示非国有企业部门当期对房地产的净投入；$R_t^N L_{t-1}^N$ 是指非国有企业部门当期偿还的上一期从银行获得贷款的本息和；$(1 - \kappa)W_t^H N_t^H$ 指的是当期需支付给工人的工资；R_t^{KH} 表示非国有企业从家庭部门中租用实物资产的单位租金；Z_t^{KH} 表示实物资产的租用率；ACK_t^N 表示非国有企业部门实物资产变动的外部调整成本，可以表示为式（6-32）；ACL_t^N 是非国有企业部门贷款的外部调整成本，可以表示为式（6-33）；Y_t^N 是非国有企业部门的产出；δ_t^{KN} 表示实物资产的折旧率；L_t^N 表示非国有企业从银行获得的贷款；ε_t^N 表示非国有企业与银行间的再分配冲击。

$$ACK_t^N = \frac{\varphi^{KN}}{2} \frac{(K_t^N - K_{t-1}^N)^2}{K^N} \qquad (6-32)$$

$$ACL_t^N = \frac{\varphi^{BN}}{2} \frac{(L_t^N - L_{t-1}^N)^2}{L^N} \qquad (6-33)$$

非国有企业部门通过积累房地产、雇用家庭部门的劳动力进行生产，其资金来源于银行借款，企业家的生产函数可以表示为科布-道格拉斯生产函数形式，即式（6-34）所示。

$$Y_t^N = A_t^Z (Z_t^{KN} K_{t-1}^N)^{\alpha(1-\mu)} (Z_t^{KH} K_{t-1}^H)^{\alpha\mu} (H_t^N)^v ((1-\kappa)N_t^H)^{(1-\alpha-v)}$$

$$(6-34)$$

式（6-34）中，A_t 表示非国有企业的技术水平。本模型引入了非国有企业贷款的约束条件，即非国有企业的融资需要固定资产作为抵押品（Kiyotaki 和 Moore，1997），不等式（6-35）左边指的是非国有企业能够向银行借到的最大贷款水平，不等式右边是企业当前预计的未来固定资产（房地产）在当前的价值的一部分，m_{HN} 表示企业的借款最多不能超过房地产价值的比例，m_{KN} 表示企业的借款最多不能超过实物资本的比例，m_{NN} 表示企业必须预先支付的工资比例。

$$L_t^N \leqslant \rho^N L_{t-1}^N + (1-\rho^N)A_t^{MN}\left(m_{HN}E_t\left(\frac{q_{t+1}}{R_{t+1}^N}H_t^N\right) + m_{KN}K_t^N - m_{NN}(1-\kappa)W_t^H N_t^H\right)$$

$$(6-35)$$

令 λ_t^N 表示通过消费边际效用归一化的借贷约束乘数，企业家可以通过选择贷款数量 L_t^N［式（6-36）］、持有的实物资本数量 K_t^N［式（6-37）］以及选择房地产数量 H_t^N［式（6-38）］来最大化自身效用。

$$\left(1 - \lambda_t^N - \frac{\partial ACL_t^N}{\partial L_t^N}\right)u(C_t^N) = \beta^N E_t((R_{t+1}^N - \rho^N \lambda_{t+1}^N)u(C_{t+1}^N)) \quad (6-36)$$

$$\left(1 - \frac{\partial ACK_t^N}{\partial K_t^N} - \lambda_t^N(1-\rho^N)m_{KN}A_t^{MN}\right)u(C_t^N)$$

$$= \beta^N E_t((1 - \delta_{t+1}^{KN} + R_{t+1}^{KN}Z_{t+1}^{KN})u(C_{t+1}^N)) \qquad (6-37)$$

$$\left(q_t - \lambda_t^N(1-\rho^N)m_{HN}A_t^{MN}E_t\frac{q_{t+1}}{R_t^N}\right)u(C_t^N) = \beta^N E_t(q_{t+1}(1 + R_{t+1}^{VN})u(C_{t+1}^N))$$

$$(6-38)$$

6.1.4 市场出清条件

如果将房地产的总供应量归一化,那么,在模型中房地产市场的出清条件可以表示为式(6-39),即:

$$H_t^H + H_t^S + H_t^N = 1 \tag{6-39}$$

此外,经济体中的总产出 Y_t 可以用式(6-40)表示。

$$Y_t = Y_t^S + Y_t^N \tag{6-40}$$

6.2 模型稳态求解

6.2.1 家庭部门的稳态条件

在异质性企业模型中,家庭部门的预算约束在稳态情况下可以表示成式(6-41),家庭部门的消费水平与净存款(单位存款收益与存款之差)、劳动报酬以及实物资本带来的净收益(即租借实物资产获得的收益与实物资产折旧之差)有关。

$$C^H = (R^H - 1)D + W^H N^H + (R^{KH} - \delta^{KH})K^H \tag{6-41}$$

家庭部门消费的边际效用 $u(C_t^H)$ 的稳态条件表示为式(6-42),购房的边际效用 $u(H_t^H)$ 的稳态条件表示为式(6-43)。

$$u(C^H) = \frac{1}{C^H} \tag{6-42}$$

$$u(H^H) = \frac{j}{H^H} \tag{6-43}$$

家庭部门在最优条件下选择的家庭存款、劳动力供应、资本供应以及房地产需求的稳态条件可以用如下等式表示。

$$R^H = \frac{1}{\beta^H} \tag{6-44}$$

$$\frac{W^H}{C^H} = \frac{\tau}{1 - N^H} \tag{6-45}$$

$$R^{KH} = \frac{1}{\beta^H} - (1 - \delta^{KH}) \tag{6-46}$$

$$(1 - \beta^H) \frac{q}{C^H} = \frac{j}{H^H} \qquad (6-47)$$

6.2.2 银行家的稳态条件

与第 4 章中银行部门的情况一致，在本章的模型中，银行部门的预算约束条件的稳态情况可以表示成式（6-48），即银行部门的消费的稳态值与收到的净贷款值（从储蓄型家庭部门获得的贷款与支付给储蓄型家庭部门的利息之差）、从国有企业获得的贷款收益（即贷款给国有企业获得的收益与国有企业部门的贷款之差）及从非国有企业部门获得的贷款收益（即贷款给非国有企业部门获得的收益与非国有企业部门获得的银行贷款之差）相关。

$$C^B = (1 - R^H)D + (R^S - 1)L^S + (R^N - 1)L^N \qquad (6-48)$$

银行部门收到的存款与贷款之间的关系如式（6-49）所示：

$$D = \gamma^S L^S + \gamma^N L^N \qquad (6-49)$$

银行家选择吸收存款数量、选择给国有企业部门发放的贷款数量和选择给非国有企业部门发放的贷款数量的稳态条件如下所示。

$$\lambda^B = \frac{1 - \beta^B R^H}{1 - \beta^B \rho^D} \qquad (6-50)$$

$$R^S = \frac{1}{\beta^B} - \frac{(1 - \beta^B)\rho^D + (1 - \rho^D)\gamma^S}{\beta^B}\lambda^B \qquad (6-51)$$

$$R^N = \frac{1}{\beta^B} - \frac{(1 - \beta^B)\rho^D + (1 - \rho^D)\gamma^N}{\beta^B}\lambda^B \qquad (6-52)$$

6.2.3 异质性企业家的稳态条件

在异质性企业模型中，国有企业预算约束的稳态条件可以用式（6-53）表示。在国有企业的预算约束中，不涉及从家庭部门租借的实物资产，因此国有部门的消费只和国有企业的产出、从银行部门获得的净贷款、应支付的工人工资和自有实物资产的物理折旧有关。

$$C^S + \kappa W^H N^H = Y^S - \delta^{KS} K^S + (1 - R^S)L^S \qquad (6-53)$$

国有企业家的稳态产出如式（6-54）所示。

$$Y^S = \rho^{\xi} (K^S)^{\alpha} (H^S)^{\upsilon} (\kappa N^H)^{(1-\alpha-\upsilon)} \qquad (6-54)$$

国有企业家稳态条件下的贷款主要与拥有的房地产价值、实物资产数量以及需要支付给家庭部门的工资相关，同时与银行部门认定的各部分抵押率有关。

$$L^S = m_{HS}\frac{q}{R^S}H^S + m_{KS}K^S - m_{NS}\kappa W^H N^H \qquad (6-55)$$

国有企业选择的每一期贷款数量、持有的实物资产数量以及选择房地产数量的稳态情况可以式（6-56）至式（6-58）表示。

$$\lambda^S = \frac{1-\beta^S R^S}{1-\beta^S \rho^S} \qquad (6-56)$$

$$R^{KS} = \frac{1}{\beta^S} - (1-\delta^{KS}) - \frac{\lambda^S m_{KS}}{1-\lambda^S} \qquad (6-57)$$

$$R^{VS} = \frac{1}{\beta^S} - 1 - \frac{\lambda^S(1-\rho^S)m_{HS}}{\rho^S R^S} \qquad (6-58)$$

与国有企业不同的是，非国有企业需要向家庭部门租借实物资产用于生产，因此其稳态条件下的约束条件还与家庭部门实物资产的租借相关。

$$C^N + (1-\kappa)W^H N^H + R^{KH}K^H = Y^N - \delta^{KN}K^N + (1-R^N)L^N \qquad (6-59)$$

非国有企业的生产同样满足科布-道格拉斯生产函数形式，其稳态条件如下。

$$Y^N = (K^N)^{\alpha(1-\mu)}(K^H)^{\alpha\mu}(H^N)^v((1-\kappa)N^N)^{(1-\alpha-v)} \qquad (6-60)$$

非国有企业部门稳态条件下的贷款同样与拥有的房地产价值、实物资产数量以及需要支付给家庭部门的工资相关。与国有企业不同的是，银行对非国有企业抵押物每部分价值的认定以及相关的抵押系数，都与国有企业存在差别。

$$L^N = m_{HN}\frac{q}{R^N}H^N + m_{KN}K^N - m_{NN}(1-\kappa)W^H N^H \qquad (6-61)$$

非国有企业选择的每一期贷款数量、持有的实物资产数量以及选择房地产数量的稳态情况可以表示为如下所示。

$$\lambda^N = \frac{1-\beta^N R^N}{1-\beta^N \rho^N} \qquad (6-62)$$

$$R^{KN} = \frac{1}{\beta^N} - (1-\delta^{KN}) - \frac{\lambda^N m_{KN}}{1-\lambda^N} \qquad (6-63)$$

$$R^{VN} = \frac{1}{\beta^N} - 1 - \frac{\lambda^N(1-\rho^N)m_{HN}}{\rho^N R^N} \qquad (6-64)$$

6.2.4 市场出清的稳态条件

将房地产的总供应量归一化，模型中房地产市场出清的稳态条件可以表示为式（6-65）。最终产品市场出清的稳态条件由式（6-66）表示。

$$H^H + H^S + H^N = 1 \qquad\qquad (6-65)$$

$$Y = Y^S + Y^N \qquad\qquad (6-66)$$

6.3 数值模拟分析

6.3.1 参数校准

本章所建立的理论模型不存在显示解，我们将采用数值算法求解模型。本节将对模型参数进行校准，表6-1是对模型参数校准情况的总结。

表6-1 参数校准情况

参数	取值	来源	参数	取值	来源
β^H	0.9925	稳态值校准	τ	2.0000	王云清等，2013
j	0.0750	Iacoviello，2015	κ	0.4000	稳态值校准
δ^{KH}	0.0250	康立和龚六堂，2014	γ^N	0.9000	Iacoviello，2015
β^B	0.9900	稳态值校准	β^N	0.9625	稳态值校准
γ^S	0.9500	稳态值校准	δ^{KN}	0.0250	康立和龚六堂，2014
β^S	0.9750	稳态值校准	m_{HN}	0.9000	Iacoviello，2015
δ^{KS}	0.0250	康立和龚六堂，2014	m_{KN}	0.9000	Iacoviello，2015
m_{HS}	0.9800	稳态值校准	m_{NN}	0.9000	Iacoviello，2015
m_{KS}	0.9800	稳态值校准	κ	0.4000	稳态值校准
m_{NS}	1.0000	稳态值校准	ρ^{ξ}	0.7500	稳态值校准
α	0.4500	高然等，2018			

由于本节模型较为复杂，涉及的参数较多，按照贴合中国实际取值的原则，我们将参数的取值分为三类：对于常见的、由中国学者进行相关研究的，取值与中国学者保持一致；对于部分参数，如贴现率等，则根据模型的稳态值进行校准，保证与中国的实际情况一致；对于其他参数，由于缺少相应的数据和研究，本书采取 Iacoviello（2015）的研究数据进行赋值。根据以上原则，本书的参数可以分为以下三类：

首先是家庭部门的参数校准。家庭部门的贴现因子取 0.9925，从而使稳态时年度存款利率为 3%；家庭部门进入国有企业的比例设定为 40%；劳动供给弹性取值为 2（王云清等，2013）；家庭部门的资本折旧率为 0.025，即年折旧率为 10%，这与康立和龚六堂（2014）的研究保持一致；此外，按照 Iacoviello（2015）的研究，本书将房地产投资偏好设定为 0.075。

其次，对银行部门进行参数校准。银行家贴现因子取 0.99，从而使模型中的信贷约束在稳态附近的等式成立，银行与国有企业之间的资产负债率取值为 0.95，与非国有企业之间的取值为 0.9，这与 Iacoviello（2015）的研究保持一致。

最后，对生产部门进行参数校准。在本模型中，生产部门分为国有企业和非国有企业。相较于非国有企业而言，国有企业在资金实力以及借贷约束方面更有优势，但是在生产效率等方面又有不足。具体来说，一方面，国有企业依靠自身的国有背景，拥有雄厚的实物资产，因此不需要租借家庭部门的实物资产进行生产；另一方面，国有企业向银行贷款时，受到的约束条件更加宽松，银行在评估国有企业的抵押物时，会给予更高的价值系数，即国有企业的杠杆约束更松。但是国有企业相较于非国有企业而言，需要承担更高的社会责任，即在评估抵押物价值时，国有企业必须实现全部支付工人工资，但是非国有企业只需要支付部分比例，而在企业生产时，国有企业的生产效率往往更低。基于上述分析，本书进一步对生产部门的相关参数进行赋值。国有企业的贴现因子取值为 0.975，从而使稳态时的年度贷款利率为 10%，而非国有企业的贴现因子取值为 0.9625，使得稳态时的年度贷款利率保持在 15%；生产企业的资本充足率取值为 0.65，与 Iacoviello（2015）的研究保持一致；资本折旧率为 0.025，即年折旧率为 10%，这与康立和龚六堂（2014）的研究保持一致；对于非国有企业部门而言，其房地产贷款价值比、企业部门资本贷款价值比以及预先支付的工资比例均为 0.9，与 Iacoviello（2015）的研究保持一致，国有企业部门依靠自身雄厚的国有背景，其房地产贷款价值比、企业部门资本贷款价值比要略高于非国有企业，取值均为 0.98，同时预先支付的工资比例为 1，符合国有企业较高的社会责任的形象；国外相关文献对资本产出弹性的取值一般在 0.3~0.4 之间，中国学者对资本产出弹性的值进行了修正，如张军（2002）的估计值为 0.499，仝冰（2017）的取值为 0.43，普遍高于国外文献中的常用值，本书认为以高然等（2018）估算的 0.45 作为参数的取值较为合理。

表 6-2 和表 6-3 是通过收集整理中国实际数据对结构性参数和冲击过程进行估计。在本节中，收集了 2007 年第一季度到 2016 年第二季度的家庭部门

消费水平、固定资产投资水平、土地价格指数、企业部门贷款、企业部门不良贷款余额以及全要素生产率等 6 组数据。其中，家庭部门消费水平、固定资产投资水平以及土地价格指数的数据来源于 Chang 等（2016）、Higgins 和 Zha（2015）的研究整理①，对数据进行对数处理，并去除了时间趋势；企业部门贷款数据来源于中国人民银行调查统计司②，通过笔者手动整理获取，对数据进行对数处理后去除了时间趋势；企业部门不良贷款余额的数据来源于万得数据库的中国宏观经济数据，对数据进行对数处理后去除了时间趋势；中国宏观全要素生产率数据来源于人大经济论坛，经过整理所得③，同样对数据进行对数处理后去除了时间趋势。此外，由于中国人民银行未披露贷款投向国有企业和非国有企业的数据以及国有企业和非国有企业的不良贷款余额，因此，本节无差别设置国有企业和非国有企业的参数。

表 6-2　结构性参数的估计

参数	描述	先验分布	后验均值	90% 置信区间	
η	消费习惯	beta	0.2770	0.1757	0.3749
φ^{DB}	银行存款调整成本系数	gamm	0.2522	0.0666	0.4381
φ^{DH}	家庭存款调整成本系数	gamm	0.3195	0.1620	0.4794
φ^{KS}	国有企业资本调整成本系数	gamm	1.7036	0.5409	2.8192
φ^{KN}	非国有企业资本调整成本系数	gamm	1.7036	0.5409	2.8192
φ^{KH}	家庭资本调整成本系数	gamm	1.1741	0.2316	2.0694
φ^{SB}	国有企业贷款银行成本调整系数	gamm	0.1961	0.0424	0.3447
φ^{NB}	非国有企业贷款银行成本调整系数	gamm	0.1961	0.0424	0.3447
φ^{SS}	企业贷款国有企业成本调整系数	gamm	0.1749	0.0469	0.2928
φ^{NN}	企业贷款非国有企业成本调整系数	gamm	0.1749	0.0469	0.2928
μ	生产中企业资本份额	beta	0.5801	0.4472	0.7094
v	生产中房地产份额	beta	0.0286	0.0159	0.0411
ρ^{D}	银行资本充足率约束系数	beta	0.2698	0.0866	0.4426
ρ^{S}	国有企业借贷约束系数	beta	0.7267	0.6271	0.8232

---

① 数据来源：上海交通大学宏观金融研究中心：http://cmf.cafr.cn/data/listpage。

② 数据来源：中国人民银行调查统计司 http://www.pbc.gov.cn/diaochatongjisi/116219/index.html。

③ 数据来源：人大经济论坛 https://bbs.pinggu.org/a-2950130.html。

参数	描述	先验分布	后验均值	90% 置信区间	
ρ^N	非国有企业借贷约束系数	beta	0.7267	0.6271	0.8232

从表 6-2 中可以发现，生产中企业资本份额为 0.58，略高于先验值 0.5。产出对企业家房地产的弹性估计为 0.03，这意味着商业房地产与年产值的稳态比约为 0.3。企业家的借贷约束限制为 0.7267，比银行的资本充足率（0.27）限制大得多。有趣的是，借款约束的惯性与众所周知的观察结果一致，即各种信贷量指标倾向于滞后于商业周期，而不是领先于商业周期。

表 6-3 报告了对冲击过程的估计。本节假设所有参数都是先验的。从后验均值以及后验分布的 10% 和 90% 置信区间可以看到，冲击的自相关系数的范围为 0.6755 至 0.9995，说明所估计全部的冲击都是相当持久的。

表 6-3 冲击过程的估计

参数	描述	先验分布	后验均值	90% 置信区间	
ρ^{bs}	国有企业违约冲击自回归系数	beta	0.8999	0.8565	0.9448
ρ^{bn}	非国有企业违约冲击自回归系数	beta	0.8999	0.8565	0.9448
ρ^j	房地产需求冲击自回归系数	beta	0.9775	0.9657	0.9904
ρ^k	投资冲击自回归系数	beta	0.7980	0.6755	0.9304
ρ^{ms}	国有企业杠杆率冲击自回归系数	beta	0.8917	0.8161	0.9793
ρ^{mn}	非国有企业杠杆率冲击自回归系数	beta	0.8917	0.8161	0.9793
ρ^p	偏好冲击自回归系数	beta	0.9968	0.9940	0.9995
ρ^z	技术冲击自回归系数	beta	0.9407	0.8979	0.9850
σ^{bs}	国有企业违约冲击标准差	invg	0.0639	0.0476	0.0810
σ^{bn}	非国有企业违约冲击标准差	invg	0.0639	0.0476	0.0810
σ^j	房地产需求冲击标准差	invg	0.2490	0.1466	0.3577
σ^k	投资冲击标准差	invg	0.0031	0.0017	0.0044
σ^{ms}	国有企业杠杆率冲击标准差	invg	0.0445	0.0257	0.0619
σ^{mn}	非国有企业杠杆率冲击标准差	invg	0.0445	0.0257	0.0619
σ^p	偏好冲击标准差	invg	0.1133	0.0823	0.1450
σ^z	技术冲击标准差	invg	0.0052	0.0039	0.0067

6.3.2 传导机制分析

与第 5 章的模型一致，本章所建立的模型共有 8 个外生冲击，即国有企业受到的再分配冲击 ε_t^S、非国有企业受到的再分配冲击 ε_t^N、家庭部门对房地产需求的冲击 A_t^I、家庭部门对消费偏好和房地产偏好的联合冲击 A_t^P、生产部门受到的技术冲击 A_t^Z、特定于投资的技术冲击 A_t^K、国有企业部门的杠杆率冲击 A_t^{MS} 及非国有企业部门受到的杠杆率冲击 A_t^{MN}。本书假定所有冲击均满足均值为 0 的一阶自回归模型，并且由于本书主要分析杠杆约束对经济波动的影响，因此，为了更加突出研究主题，本节主要分析国有企业受到的再分配冲击 ε_t^S、非国有企业受到的再分配冲击 ε_t^N、国有企业部门的杠杆率冲击 A_t^{MS} 以及非国有企业部门受到的杠杆率冲击 A_t^{MN} 这四个外生冲击对经济的影响。本章将表 6-1 到表 6-3 的参数赋值到稳态模型中，通过 Matlab 软件绘制相关图表。

图 6-1 和图 6-2 分别受到一个标准差单位的国有企业再分配冲击和非国有企业再分配冲击时，经济体主要变量的脉冲反应。根据模型中的设定，再分配冲击是指生产部门和银行之间的资金再分配。当国有企业受到再分配冲击时，资金会从银行部门转移到国有企业部门，此时国有企业的资金实力更强，因此获得银行的贷款就越多，产出也就越大；而相较于国有企业而言，非国有企业从银行获得的贷款数量会因为国有企业的挤出而减少，但非国有企业可以从家庭部门租借更多的实物资产，因此非国有企业的产出水平也会提高，经济体的总产出上升，消费总量也会随之上升，其结果如图 6-1 所示。由于企业违约风险上升，使得银行的资金成本上升，企业部门的贷款成本上升，因此国有企业风险溢价和非国有企业风险溢价也会上升。

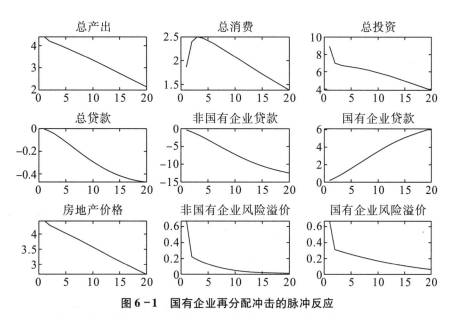

图 6 - 1　国有企业再分配冲击的脉冲反应

注：将校准后的参数赋值到稳态模型中，利用 Matlab 软件绘制所得。下同。

　　图 6 - 2 是受到非国有企业再分配冲击时，经济体中主要变量的脉冲反应。一方面，当经济体中银行部门的资金转移到非国有企业中时，非国有企业的贷款上升，银行部门的贷款总量由于资金的转移而下降，国有企业可以从银行获得的贷款的数量受到非国有企业的挤压而下降；另一方面，银行的资金转移到非国有企业后，受到杠杆率的约束，能够放贷的量下降，因此贷款总量下降。而国有企业的贷款量也会因为银行贷款总量下降而受到影响。此时总产出上升，但是消费会由于国有企业部门以及银行部门消费水平的降低而呈现下降趋势。与图 6 - 1 一致的是，由于企业违约风险上升，银行的资金成本也随之上升，对企业部门要求的贷款成本上升，因此国有企业风险溢价和非国有企业风险溢价也会上升。

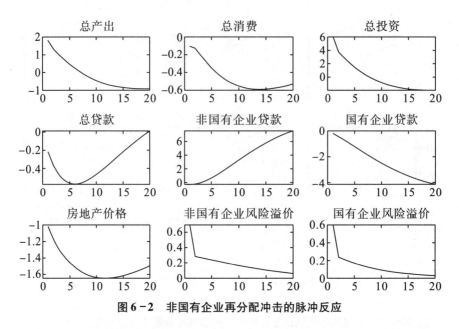

图 6-2　非国有企业再分配冲击的脉冲反应

　　图6-3是经济体受到国有企业杠杆率冲击的脉冲反应。经济体受到一个标准差的国有企业杠杆率冲击时，不论是国有企业产出还是非国有企业的产出都会表现出正向的反应，经济体的总产出和总消费也会随时上升。对于国有企业来说，当放松杠杆率约束时，贷款总量表现出正向反馈，而此时银行的总贷款量也会随之上升，银行将更多的资金贷款给国有企业部门，非国有企业的贷款量就会随之下降，但非国有企业可以从家庭部门租借更多的实物资产，使得非国有企业的产出水平也会提高，经济体的总产出上升。由于国有企业扩大杠杆，因此国有企业面对的风险溢价上升，即国有企业蕴含的风险增加，而非国有企业的风险溢价则由于获取的贷款数量下降而随之下降。

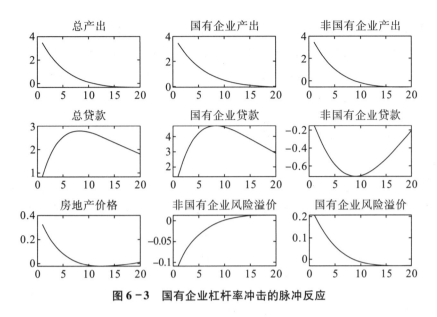

图 6 - 3　国有企业杠杆率冲击的脉冲反应

图 6 - 4 进一步解释了当非国有企业受到国有企业杠杆率扩大冲击时，产出反而会上升的原因。从图中可以看到，非国有企业尽管从银行部门获得的贷款减少，但是非国有企业可以通过向家庭租借实物资产的方式来扩大自己的生产。同时，非国有企业的贷款利率也会下降，降低了非国有企业的资金使用成本，但家庭部门的工资水平上升。对于非国有企业来说，每一期的成本都会增加，即支付给工人的工资和购买房地产的支出部分增加，因此会通过减少当期消费的方式来进行，通过租借家庭部门的实物资产扩大非国有企业的生产，来获得未来的消费。

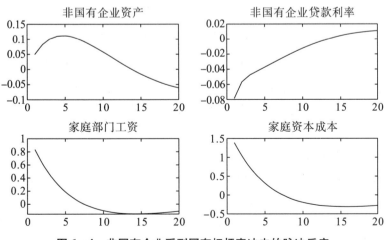

图 6 - 4　非国有企业受到国有杠杆率冲击的脉冲反应

图6-5是经济体受到非国有企业杠杆率冲击的脉冲反应。当经济体受到一个标准差的非国有企业杠杆率的冲击时，非国有企业的贷款量呈现上升趋势，此时银行的贷款总量也会增加。大量的贷款从银行部门转移到非国有企业部门时，国有企业获得的贷款量就会下降，此时国有企业产出率会在第二期开始呈现下降状态。这是因为模型设定后，当期的产出与上一期的实物资产、人力资本以及上一期的房地产状态相关，因此，当期国有企业贷款影响当期的实物资产量和房地产量，进而对下一期的产出波动造成影响，即非国有企业的杠杆率扩大反而会造成总产出下降。此时，对于非国有企业来说，杠杆率的扩张导致风险积聚，造成风险溢价的上升，而对于国有企业来说，其风险溢价下降。

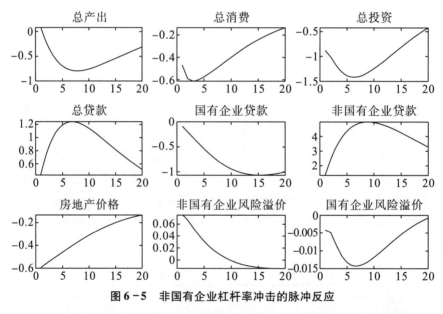

图6-5 非国有企业杠杆率冲击的脉冲反应

图6-6和6-7分别给出了国有企业和非国有企业受到非国有杠杆率扩张冲击的脉冲反应。当国有企业受到非国有企业杠杆率扩张冲击时，国有企业的消费水平下降，这是因为国有企业从银行获得的贷款量下降，贷款利率提高；除此以外，国有企业的实物资产由于折旧等原因，也出现下降的趋势，导致国有企业的总产出下降。

尽管非国有企业扩大杠杆可以从银行部门获得更多的贷款，但其自身消费的增加以及购买实物资产等消耗的支出也在增加，因此其产出尽管有短暂的上升，但很快就回落到稳态值，甚至略低于稳态值。当非国有企业杠杆率扩大时，由于潜在的风险增加，获得银行贷款的成本也在增加，进一步加大了生产成本，导致总产出下降。

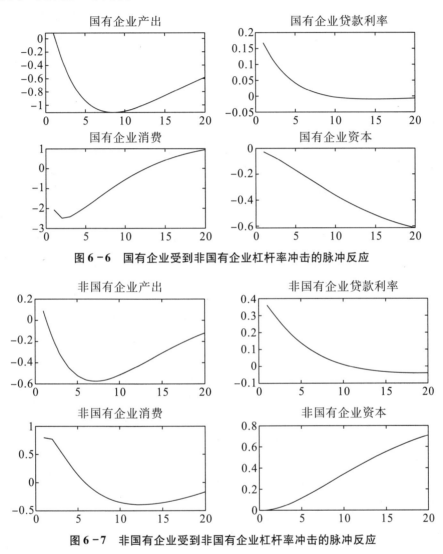

图6-6 国有企业受到非国有企业杠杆率冲击的脉冲反应

图6-7 非国有企业受到非国有企业杠杆率冲击的脉冲反应

6.3.3 方差分解

本章模型共涉及8个外生冲击，对经济体主要变量进行方差分解，可以发现变量受到哪个冲击的影响最大。从表6-4的主要变量的方差分解结果可以看到，产出主要受到技术冲击的影响。从中国的实际数据来看，经济体主要变量受到家庭部门对消费偏好和房地产偏好的联合冲击 A_t^P 的影响最大。当家庭部门对消费偏好和房地产偏好的联合冲击提高一个标准差时，总产出会提高97.22%，国有企业部门产出会提高92.01%，非国有企业产出会提高97.33%；除了家庭部门对消费偏好和房地产偏好的联合冲击，经济体中的贷款总量和国有企业杠杆率冲击关系密切，当经济体受到来自国有企业的杠杆率冲击时，总贷款量上升2.31%，其中国有企业会增加3.23%的新增贷款；当经济体受到来自非国有企业的杠杆率冲击时，总贷款量也会上升，但是增长幅度较小，仅为0.26%，而非国有企业新增的贷款为1.84%；国有企业和非国有企业的贷款总量受到企业部门的再分配冲击的影响更大，这是因为再分配冲击增加了生产部门的总收入，使其抵押物价值更高，从而能够获得银行的抵押贷款水平也就更高。而在经济体中，总消费水平主要与家庭部门对消费偏好和房地产偏好的联合冲击 A_t^P 相关，其中总消费受到家庭部门对消费偏好和房地产偏好的联合冲击的影响为98.99%，总实物资产受到家庭部门对消费偏好和房地产偏好的联合冲击的影响为89.91%，而受到企业再分配冲击的影响大约为10%。

表6-4　主要变量的方差分解结果（单位:%）

类别	ε_t^S	ε_t^N	A_t^j	A_t^K	A_t^{MN}	A_t^{MS}	A_t^P	A_t^Z
总产出	2.00	0.17	0.14	0.00	0.06	0.25	97.22	0.16
国有产出	5.64	1.63	0.12	0.00	0.14	0.30	92.01	0.17
非国有产出	1.67	0.44	0.14	0.00	0.03	0.24	97.33	0.16
总贷款	0.89	0.12	0.06	0.01	0.26	2.31	96.03	0.31
国有贷款	29.34	12.11	0.04	0.01	0.36	3.23	54.66	0.25
非国有贷款	44.89	22.69	0.06	0.00	1.84	0.07	30.41	0.04
总消费	0.84	0.06	0.00	0.00	0.03	0.02	98.99	0.06
总实物资产	4.05	5.70	0.06	0.00	0.02	0.01	89.91	0.23

注：将校准后的参数赋值到稳态模型中，利用Matlab软件分析所得。

6.4　本章小结

本章在基准模型的基础上，引入企业异质性。在模型的设定上，将企业分为国有企业和非国有企业，这两类企业的不同之处在于，国有企业拥有雄厚的实物资产,不需要向家庭部门租借实物资产。在生产函数方面,国有企业存在效率的损失,这种设定与Song等(2011)思路一致。在银行贷款方面,一方面,由于国有企业具有的背景,其借款条件相对于非国有企业来说更为宽松;另一方面,国有企业也需要承担更多的社会责任,因此在借款约束中,需要提前支付更大比例的工人工资。而非国有企业的设定与基准模型中的企业设定基本一致。

通过数值模拟分析可以发现,当经济体受到实体部门的再分配冲击时,总产出会呈现正向变化,这是因为当实体经济部门获得更多的社会资本后,可以用于扩大生产。从脉冲反应图中可以看到,当实体经济部门获得更多的社会资本后,社会总资本上升,投资总量也上升,因此社会总产出增加。经过进一步对比分析发现,总产出受到非国有企业部门再分配冲击的影响更大。这是因为当资金更多地流入国有企业后,非国有企业获得的贷款量下降,尽管非国有企业可以向家庭部门租借实物资产,但毕竟数量有限而且成本较高,因此非国有企业的发展受限;而当非国有企业受到再分配冲击时,更多的资金流向非国有部门,尽管国有企业的贷款量下降,但是由于国有企业本身资本雄厚,因此所产生的影响程度相对较小,社会总产出的增加更大。

与再分配冲击不同的是,当经济体受到杠杆率冲击时,会直接影响银行部门的贷款总量,即受到再分配冲击时,银行的贷款总量下降,这是因为资金会在银行和其他部门间进行再分配,因此银行可用于借贷的资金下降,总贷款量下降,而受到杠杆率冲击时,银行的贷款总量会上升。当经济体受到国有企业杠杆率冲击时,总产出也会随着杠杆率的增长而增加。这是因为国有企业的贷款总量上升,更多资金进入实体经济部门,社会总投资上升,因而总产出上升。尽管此时非国有企业部门获得的贷款总量下降,但是非国有企业可以从家庭部门补充生产所需的实物资产,因此产量也会上升。而当经济体受到非国有企业杠杆率冲击时,国有企业从银行获得的贷款量下降,国有企业的实物资产由于折旧等,也会出现下降的趋势,但由于国有企业的资金实力雄厚,其下降的幅度较小,国有企业的产出也会因为资本投入的下降而呈现下降的趋势;尽管非国有企业可以从银行部门获得更多的贷款,但其自身消费的增加以及购买实物资产等消耗的支出也在增加,因此其产出虽然出现了短暂的上升,但很快就回落到稳态值甚至略低于稳态值,总产出会呈现短暂上升趋势,但很快就会下降。从变量的方差分解中也可以看到,总产出受到国有企业部门杠杆率的影响较大。

下一章将结合第5章和第6章的假设条件,建立一个两部门异质性模型,进一步探究杠杆约束与经济波动之间的关系。

7 两部门异质性、杠杆约束与经济波动

　　本章将进一步讨论异质性与经济波动之间的动态关系，即在基准模型中，分别引入家庭部门的异质性和企业部门的异质性。与第 5 章相同，家庭部门将分为储蓄型家庭和借贷型家庭两种，储蓄型家庭拥有初始实物资产，并通过租借实物资产和劳动的方式获得回报；借贷型家庭由于不持有实物资产，因此除了工作获得工资收入外，还需要从银行借钱消费，借贷型家庭的借款能力会受到其固定资产价值的影响。异质性企业的设定与第 6 章相同，即根据企业所有制背景的差异，将企业分为国有企业和非国有企业。国有企业和非国有企业的差别表现为：首先是国有企业具有效率损失；其次是国有企业初始的实物资本较多，不需要租用家庭部门的实物资本，并且在与银行进行借贷时，银行给予国有企业的抵押物折现系数更高，这样与非国有企业相比，相同的抵押物价值下，国有企业可以获得更大比例的融资；最后是国有企业需要预先支付的工资比例比非国有企业更高，以此来刻画国有企业的社会责任。

7.1　理论模型

7.1.1　异质性家庭部门的行为决策

7.1.1.1　储蓄型家庭

　　与第 4 章中异质性家庭部门的设定一致，储蓄型家庭通过选择当期消费 C_t^H、购买的房地产的量 H_t^H 以及工作时间 N_t^H 来最大化自身的效用，其效用函数表示成如下所示：

$$\max E_0 \sum_{t=0}^{\infty} \beta_t^H \left(A_t^P (1 - \eta) \log(C_t^H - \eta C_{t-1}^H) + j A_t^j A_t^P \log H_t^H + \tau \log(1 - N_t^H) \right)$$

$$(7-1)$$

式（7-1）中，β^H 表示家庭部门的主观贴现因子，A_t^P 表示对消费偏好和房地产偏好的联合冲击（总支出冲击），A_t^j 表示对房地产需求的冲击，η 测量了外部的消费习惯程度，j 和 τ 分别表示购买的房地产 H_t^H 以及付出的工作时间 N_t^H 相对于消费 C_t^H 带来的效用大小。

储蓄型家庭拥有初始实物资产，并通过租借实物资产和劳动的方式获得回报。因此，储蓄型家庭在进行最优化选择时，会受到式（7-2）的约束。

$$C_t^H + \frac{K_t^H}{A_t^K} + D_t + q_t (H_t^H - H_{t-1}^H) + ACK_t^H + ACD_t$$

$$(7-2)$$

$$= \left(R_t^{KH} Z_t^{KH} + \frac{1 - \delta_t^{KH}}{A_t^K} \right) K_{t-1}^H + R_t^H D_{t-1} + W_t^H N_t^H$$

在式（7-2）中，储蓄型家庭拥有实物资本 K_t^H，并以租金率 R_t^{KH} 向非国有企业提供实物资产为 $Z_t^{KH} K_t^H$ 的租用服务，其中 Z_t^{KH} 为家庭部门实物资产的租用率。A_t^K 表示特定于投资的技术冲击，ACK_t^H 和 ACD_t 分别表示实物资产和家庭储蓄的外部调整成本。δ_t^{KH} 表示家庭部门实物资产的物理折旧。D_t 表示家庭部门每一期的存款；q_t 是以消费单位最终产品表示的房地产价格；R_t^H 表示家庭部门存款获得的单位回报；W_t^H 表示单位劳动收入，即工资。

在式（7-2）中，家庭部门实物资产和储蓄的外部调整成本函数可以表示成如下所示：

$$ACK_t^H = \frac{\varphi^{KH}}{2} \frac{(K_t^H - K_{t-1}^H)^2}{K^H}$$

$$(7-3)$$

$$ACD_t = \frac{\varphi^{DH}}{2} \frac{(D_t - D_{t-1})^2}{D}$$

$$(7-4)$$

其中，φ^{KH} 是家庭部门资本调整成本的系数，K^H 是家庭部门实物资本的稳态值；φ^{DH} 是家庭部门存款调整成本的系数，D 是家庭部门存款的稳态值。

如果将储蓄型家庭消费的边际效用 $u(C_t^H)$ 表示为式（7-5），购房的边际效用 $u(H_t^H)$ 表示为式（7-6），则最优条件下的家庭存款［式（7-7）］、劳动力供应［式（7-8）］、资本供应［式（7-9）］以及房地产需求［式（7-10）］可以表述为以下方程：

$$u(C_t^H) = \frac{A_t^P(1 - \eta)}{C_t^H - \eta C_{t-1}^H} \tag{7-5}$$

$$u(H_t^H) = \frac{jA_t^jA_t^P}{H_t^H} \tag{7-6}$$

$$u(C_t^H)\left(1 + \frac{\partial ACD_t^H}{\partial D_t}\right) = \beta^H E_t(R_{t+1}^H u(C_{t+1}^H)) \tag{7-7}$$

$$W_t^H u(C_t^H) = \frac{\tau^H}{1 - N_t^H} \tag{7-8}$$

$$\frac{u(C_t^H)}{A_t^K}(1 + \frac{\partial ACK_t^H}{\partial K_t^H}) = \beta^H E_t\left(\left(R_{t+1}^{KH} Z_{t+1}^{KH} + \frac{1 - \delta_{t+1}^{KH}}{A_{t+1}^K}\right)u(C_{t+1}^H)\right) \tag{7-9}$$

$$q_t u(C_t^H) = u(H_t^H) + \beta^H E_t(q_{t+1}u(C_{t+1}^H)) \tag{7-10}$$

7.1.1.2 借贷型家庭

与储蓄型家庭一样,借贷型家庭同样通过选择当期消费 C_t^I、购买的房地产的量 H_t^I 以及工作时间 N_t^I 来最大化自身的效用,其目标函数如式 (7-11) 所示:

$$\max E_0 \sum_{t=0}^{\infty} \beta_t^I(A_t^P(1 - \eta)\log(C_t^I - \eta C_{t-1}^I) + jA_t^jA_t^P\log H_t^I + \tau\log(1 - N_t^I))$$

$$\tag{7-11}$$

式 (7-11) 中,β^I 表示借贷型家庭的主观贴现因子,A_t^P 表示对消费偏好和房地产偏好的联合冲击 (总支出冲击),A_t^j 表示对房地产需求的冲击,η 测量了外部的消费习惯程度,j 和 τ 分别表示购买的房地产 H_t^I 以及付出的工作时间 N_t^I 相对于消费 C_t^I 带来的效用大小。

不同于储蓄型家庭的是,借贷型家庭除了通过工作获得劳动收入外,还可以向银行部门借款。因此,借贷型家庭在进行最优化选择时,会受到式 (7-12) 的约束。

$$C_t^I + q_t(H_t^I - H_{t-1}^I) + R_t^I L_{t-1}^I + ACL_t^I = W_t^I N_t^I + L_t^I + \varepsilon_t^I \tag{7-12}$$

其中,L_t^I 表示银行向借贷型家庭发放的贷款数量,借贷型家庭支付的利率为 R_t^I,ACL_t^I 表示借贷型家庭向银行借款的调整成本,与储蓄型家庭中的资本和存款的外部调整成本一样,借款成本是二次凸函数,可以表示为式 (7-13)。ε_t^I 是再分配冲击 (同样的冲击,带有相反的符号,也出现在银行部门的预算约束中),表示从家庭获得的银行损失,即财富在家庭部门和银行部门间的再分配。

$$ACL_t^I = \frac{\varphi^{''}}{2} \frac{(L_t^I - L_{t-1}^I)^2}{L^I} \qquad (7-13)$$

借贷型家庭除了受到预算约束外，还受到借款的限制。其借款能力与固定资产（即房产价值）相关。借贷约束可以表述成式（7-14）所示。

$$L_t^I \leq \rho^I L_{t-1}^I + (1 - \rho^I) m_t A_t^{MI} E_t \left(\frac{q_{t+1}}{R_t^I} H_t^I \right) \qquad (7-14)$$

在式（7-14）中，借贷型家庭当期获得的贷款数量 L_t^I 受到两个方面的影响，一是受到上期获得的贷款数量 L_{t-1}^I 的影响，二是受到当前预期的所持有房地产的未来价值的影响。其中，ρ^I 表示上述两种因素对借贷型家庭部门当期贷款数量影响的权重，该系数表明，随着时间的推移，借贷型家庭受到的借款约束在缓慢调整。实际上，银行并不是每季度都会重新调整一次借款限额，而借贷型家庭的贷款在长期均衡上来看，与其房地产价值有关。其中 m_I 表示借贷型家庭抵押物的折算系数，即借贷型家庭从银行获得的房地产抵押贷款占其房地产总价值的比重，也就是房贷抵押率。该变量决定着借贷型家庭部门信贷约束的松紧程度，因此借贷型家庭部门面对的房贷杠杆约束不仅与其所持有的房地产价值有关，还和房产抵押率有关。A_t^{MI} 指的是借贷型家庭贷款能力的外来冲击，可以视为家庭部门的杠杆约束冲击，正向的冲击（如房产抵押率的提高）可以让借贷型家庭在同样的抵押物情况下获得更多的抵押贷款。例如，在外生政策调控下，银行放宽筛选程序、国家放宽房地产的首付比例等，导致房贷抵押率变动，家庭部门拥有更高的杠杆率，银行部门能够以给定数量的抵押物提供更多的贷款。在本书的模型中，假定该冲击满足一阶自回归过程。β^I 表示借贷型家庭的主观贴现因子，如果 β^I 低于借贷型家庭和银行家的折现因子的加权平均值，则借款约束在稳态附近成立。

如果将借贷型家庭消费的边际效用 $u(C_t^I)$ 表示为（7-15），购房的边际效用 $u(H_t^I)$ 表示为（7-16），并且用 λ_t^I 表示通过消费边际效用归一化的借贷约束乘数，则最优条件下借贷型家庭获得的贷款数量 [式（7-17）]、劳动力供应 [式（7-18）] 及房地产需求 [式（7-19）] 的一阶条件可以表示如下：

$$u(C_t^I) = \frac{A_t^P (1 - \eta)}{C_t^I - \eta C_{t-1}^I} \qquad (7-15)$$

$$u(H_t^I) = \frac{j A_t^j A_t^P}{H_t^I} \qquad (7-16)$$

$$\left(1 - \frac{\partial ACL_t^I}{\partial L_t^I} - \lambda_t^I\right)u(C_t^I) = \beta^I E_t(R_t^I - \rho^I \lambda_{t+1}^I)u(C_{t+1}^I) \qquad (7-17)$$

$$W_t^I u(C_t^I) = \frac{\tau^I}{1 - N_t^I} \qquad (7-18)$$

$$\left(q_t - \lambda_t^I(1 - \rho^I)m_t A_t^{MI} E_t \frac{q_{t+1}}{R_t^I}\right)u(C_t^I) = u(H_t^I) + \beta^I E_t(q_{t+1}u(C_{t+1}^I))$$

$$\qquad (7-19)$$

7.1.2 银行家的行为决策

在本章模型中，代表性银行家将通过选择每一期的消费水平 C_t^B 来最大化自身的效用。代表性银行家的效用函数如式（7-20）所示。

$$\max E_0 \sum_{t=0}^{\infty} \beta^B(1 - \eta)\log(C_t^B - \eta C_{t-1}^B) \qquad (7-20)$$

其中，β^B 表示代表性银行家的主观贴现因子。银行部门是资金的中介，通过向借贷型家庭和企业部门发放从储蓄型家庭吸收到的存款进而赚取中间差。对银行部门来说，在最大化其效用函数时会受到式（7-21）的约束，其中 ε_t^I、ε_t^S 和 ε_t^N 是再分配冲击，分别表示财富在借贷型家庭与银行、国有企业与银行以及非国有企业与银行之间的再分配。

$$C_t^B + R_t^H D_{t-1} + L_t^I + L_t^S + L_t^N + ACD_t^B + ACL_t^{IB} + ACL_t^{SB} + ACL_t^{NB}$$
$$= D_t + R_t^I L_{t-1}^I + R_t^S L_{t-1}^S + R_t^N L_{t-1}^N - \varepsilon_t^I - \varepsilon_t^S - \varepsilon_t^N$$

$$\qquad (7-21)$$

在式（7-21）中，L_t^I 表示银行向借贷型家庭发放的贷款；L_t^S 表示银行向国有企业发放的贷款；L_t^N 表示银行向非国有企业发放的贷款；R_t^I 是银行对借贷型家庭发放贷款的单位收益，对借贷型家庭而言就是借款的单位成本；R_t^S 是银行对国有企业发放贷款的单位收益；R_t^N 是银行对非国有企业发放贷款的单位收益；ACD_t 是银行每期吸收存款的外部调整成本，可以表示为式（7-22）；ACL_t^I 是银行给借贷型家庭发放贷款的外部调整成本，可以表示为式（7-23）；ACL_t^S 是银行给国有企业发放贷款的外部调整成本，可以表示为式（7-24）；ACL_t^N 是银行给非国有企业发放贷款的外部调整成本，可以表示为式（7-25）。

$$ACD_t^B = \frac{\varphi^{DB}}{2} \frac{(D_t - D_{t-1})^2}{D} \tag{7-22}$$

$$ACL_t^{IB} = \frac{\varphi^{IB}}{2} \frac{(L_t^I - L_{t-1}^I)^2}{L^I} \tag{7-23}$$

$$ACL_t^{SB} = \frac{\varphi^{SB}}{2} \frac{(L_t^S - L_{t-1}^S)^2}{L^S} \tag{7-24}$$

$$ACL_t^{NB} = \frac{\varphi^{NB}}{2} \frac{(L_t^N - L_{t-1}^N)^2}{L^N} \tag{7-25}$$

银行除了受到预算约束外，还会受以下形式的资本充足率约束：

$$L_t - D_t - E_t \varepsilon_{t+1} \geqslant \rho^D (L_{t-1} - D_{t-1} - E_{t-1} \varepsilon_t) + (1 - \gamma)(1 - \rho^D)(L_t - E_t \varepsilon_{t+1}) \tag{7-26}$$

其中，$L_t = L_t^I + L_t^S + L_t^N$ 表示银行的贷款总量，$\varepsilon_t = \varepsilon_t^I + \varepsilon_t^S + \varepsilon_t^N$ 表示银行的贷款损失。上述约束表明，银行的净资产必须超过银行总资产的一小部分，才能对 ρ^D 给出的银行资本进行部分调整。在式（7-26）中，只要 ρ^D 不等于零，银行的资本资产比率就可以暂时偏离其长期目标 γ。上述的约束条件还可以秘方写为以下形式的杠杆约束：

$$D_t \leqslant \rho^D (D_{t-1} - (L_{t-1} - E_{t-1} \varepsilon_t)) + (1 - (1 - \gamma)(1 - \rho^D))(L_t - E_t \varepsilon_{t+1}) \tag{7-27}$$

令 λ_t^B 表示通过消费边际效用归一化的借贷约束乘数，银行家可以通过选择吸收存款数量 D_t［式（7-28）］、选择给借贷型家庭发放的贷款数量 L_t^I［式（7-29）］、选择给国有企业发放的贷款数量 L_t^S［式（7-30）］及选择给非国有企业发放的贷款数量 L_t^N［式（7-31）］来最大化自身效用。

$$\left(1 - \lambda_t^B - \frac{\partial ACD_t^B}{\partial D_t}\right) u(C_t^B) = \beta^B E_t((R_{t+1}^H - \rho^D \lambda_{t+1}^B) u(C_{t+1}^B)) \tag{7-28}$$

$$\left(1 - (\gamma_I(1 - \rho^D) + \rho^D)\lambda_t^B + \frac{\partial ACL_t^{IB}}{\partial L_t^I}\right) u(C_t^B) \tag{7-29}$$
$$= \beta^B E_t((R_{t+1}^I - \rho^D \lambda_{t+1}^B) u(C_{t+1}^B))$$

$$\left(1 - (\gamma_S(1 - \rho^D) + \rho^D)\lambda_t^B + \frac{\partial ACL_t^{SB}}{\partial L_t^S}\right) u(C_t^B) \tag{7-30}$$
$$= \beta^B E_t((R_{t+1}^S - \rho^D \lambda_{t+1}^B) u(C_{t+1}^B))$$

$$\left(1 - (\gamma_N(1 - \rho^D) + \rho^D)\lambda_t^B + \frac{\partial ACL_t^{NB}}{\partial L_t^N}\right) u(C_t^B) \tag{7-31}$$
$$= \beta^B E_t((R_{t+1}^N - \rho^D \lambda_{t+1}^B) u(C_{t+1}^B))$$

7.1.3 异质性企业家的行为决策

根据第6章的设定，国有企业和非国有企业的区别主要集中在三个方面：首先是国有企业具有效率损失；其次是国有企业初始的实物资本较多，不需要租用家庭部门的实物资本，并且在与银行进行借贷时，银行给予国有企业的抵押物折现系数更高，这样与非国有企业相比，相同的抵押物价值下，国有企业可以获得更大比例的融资；最后是国有企业需要预先支付的工资比例比非国有企业更高，以此来刻画国有企业的社会责任。

7.1.3.1 国有企业家的行为决策

在本章的模型中，国有企业家通过选择每一期的消费水平 C_t^S 来最大化自己的效用函数。国有企业家的效用函数如式（7-32）所示，其中，β^S 表示国有企业家的主观贴现因子，满足 $\beta^S < \beta^I < \beta^H$。

$$\max E_0 \sum_{t=0}^{\infty} \beta^S (1-\eta) \log(C_t^S - \eta C_{t-1}^S) \tag{7-32}$$

国有企业具有政府背景，可以从银行部门借到足够的资金，受借贷约束的影响较小，且初始的实物资本较多，不需要租用家庭部门的实物资本，因此，国有企业部门仅受到如式（7-33）所示的预算约束。

$$C_t^S + \frac{K_t^S}{A_t^K} + q_t(H_t^S - H_{t-1}^S) + R_t^I L_{t-1}^S + W_t^H(\kappa N_t^H) + W_t^I(\kappa N_t^I) + ACK_t^S + ACL_t^S$$

$$= Y_t^S + \frac{1-\delta_t^{KS}}{A_t^K} K_{t-1}^S + L_t^S + \varepsilon_t^S$$

$$\tag{7-33}$$

其中，C_t^S 表示国有企业当期的消费；K_t^S 是国有企业部门拥有的初始实物资本；A_t^K 表示针对实物资产的特定投资技术冲击；$q_t(H_t^S - H_{t-1}^S)$ 表示国有企业部门当期对房地产的净投入；$R_t^I L_{t-1}^S$ 是指国有企业部门当期偿还的上一期从银行获得贷款的本息和；$\kappa(W_t^H N_t^H + W_t^I N_t^I)$ 指的是当期需支付给家庭部门的工资；κ 是家庭部门选择进入国有企业部门的比例；ACK_t^S 是国有企业部门实物资产变动的外部调整成本，可以表示为式（7-34）；ACL_t^S 是国有企业部门贷款的外部调整成本，可以表示为式（7-35）；Y_t^S 是国有企业部门的产出；δ_t^{KH} 表示实物资产的折旧率；L_t^S 表示从银行获得的贷款；ε_t^S 表示国有企业与银行间的再分配冲击。

$$ACK_t^S = \frac{\varphi^{KS}}{2} \frac{(K_t^S - K_{t-1}^S)^2}{K^S} \tag{7-34}$$

$$ACL_t^S = \frac{\varphi^{SS}}{2} \frac{(L_t^S - L_{t-1}^S)^2}{L^S} \tag{7-35}$$

国有企业部门通过积累房地产，雇用家庭部门的劳动力进行生产，其资金来源于向银行借款，企业家的生产函数可以表示为科布－道格拉斯生产函数形式，即式（7-36）所示。

$$Y_t^S = \rho^\xi A_t^Z (Z_t^{KS} K_{t-1}^S)^\alpha (H_{t-1}^S)^v (\kappa N_t^H)^{(1-\alpha-v)(1-\sigma)} (\kappa N_t^I)^{(1-\alpha-v)\sigma}$$

$$\tag{7-36}$$

其中，ρ^ξ 表示国有企业的效率损失。

此外，国有企业贷款的约束条件相比较于非国有企业而言，受到银行借贷约束的影响较小，国有企业的融资需要固定资产作为抵押品（Kiyotaki 和 Moore，1997），不等式（7-37）左边指的是国有企业能够向银行借到的最大贷款水平，不等式右边是企业当前预计的未来固定资产（房地产）在当前的价值的一部分，m_{HS} 表示国有企业的借款最多不能超过房地产价值的比例，m_{KS} 表示国有企业的借款最多不能超过实物资本的比例，m_{NS} 表示企业必须预先支付的工资比例。相较于非国有企业而言，国有企业的 ρ^S 更大，并且国有企业需要预先支付的工资比例也比非国有企业高。

$$L_t^S \leq \rho^S L_{t-1}^S + (1-\rho^S) A_t^{MS} \left(m_{HS} E_t \left(\frac{q_{t+1}}{R_{t+1}^S} H_t^S \right) + m_{KS} K_t^S - m_{NS} \kappa (W_t^H N_t^H + W_t^I N_t^I) \right)$$

$$\tag{7-37}$$

令 λ_t^S 表示通过消费边际效用归一化的借贷约束乘数，国有企业部门通过选择每一期的贷款数量 L_t^S［式（7-38）］、持有的实物资产数量 K_t^S［式（7-39）］以及选择房地产数量 H_t^S［式（7-40）］来最大化自身效用。

$$\left(1 - \lambda_t^S - \frac{\partial ACL_t^S}{\partial L_t^S} \right) u(C_t^S) = \beta^S E_t ((R_{t+1}^S - \rho^S \lambda_{t+1}^S) u(C_{t+1}^S)) \tag{7-38}$$

$$\left(1 - \frac{\partial ACK_t^S}{\partial K_t^S} - \lambda_t^S (1-\rho^S) m_{KS} A_t^{MS} \right) u(C_t^S)$$

$$= \beta^S E_t ((1 - \delta_{t+1}^{KS} + R_{t+1}^{KS} Z_{t+1}^{KS}) u(C_{t+1}^S)) \tag{7-39}$$

$$\left(q_t - \lambda_t^S (1-\rho^S) m_{HS} A_t^{MS} \frac{q_{t+1}}{R_{t+1}^S} \right) u(C_t^S) = \beta^S E_t (q_{t+1} (1 + R_{t+1}^{VS}) u(C_{t+1}^S))$$

$$\tag{7-40}$$

7.1.3.2 非国有企业家的行为决策

与国有企业家的效用函数一样，非国有企业家通过选择每一期的消费水平 C_t^N 来最大化自己的效用函数。非国有企业的效用函数如式（7-41）所示，其中，β^N 表示国有企业部门的主观贴现因子，满足 $\beta^N < \beta^S < \beta^I < \beta^H$。

$$\max E_0 \sum_{t=0}^{\infty} \beta_t^N (1-\eta) \lg(C_t^N - \eta C_{t-1}^N) \tag{7-41}$$

与国有企业的区别之处在于，非国有企业由于自身资金不如国有企业雄厚，除了向银行借款以外，还需要从家庭部门中借入实物资产用于生产，因此，非国有企业部门的预算约束条件可以表述成如式（7-42）所示。

$$C_t^N + \frac{K_t^N}{A_t^K} + q_t(H_t^N - H_{t-1}^N) + R_t^N L_{t-1}^N + W_t^H((1-\kappa)N_t^H) +$$

$$W_t^I((1-\kappa)N_t^I) + R_t^{KH} Z_t^{KH} K_{t-1}^H \tag{7-42}$$

$$= Y_t^N + \frac{1-\delta_t^{KN}}{A_t^K} K_{t-1}^N + L_t^N + \varepsilon_t^N - ACK_t^N - ACL_t^N$$

在式（7-42）中，C_t^N 表示非国有企业当期的消费；K_t^N 表示非国有企业部门拥有的初始实物资本；A_t^K 表示针对实物资产的特定投资技术冲击；$q_t(H_t^N - H_{t-1}^N)$ 表示非国有企业部门当期对房地产的净投入；$R_t^N L_{t-1}^N$ 是指非国有企业部门当期偿还的上一期从银行获得贷款的本息和；$(1-\kappa)(W_t^H N_t^H + W_t^I N_t^I)$ 指的是当期需支付给家庭部门的工资；R_t^{KH} 表示非国有企业从家庭部门中租用实物资产的单位租金；Z_t^{KH} 表示实物资产的租用率；ACK_t^N 是非国有企业部门实物资产变动的外部调整成本，可以表示为式（7-43）；ACL_t^N 是非国有企业部门贷款的外部调整成本，可以表示为式（7-44）；Y_t^N 是非国有企业部门的产出；δ_t^{KN} 表示实物资产的折旧率；L_t^N 是非国有企业从银行获得的贷款；ε_t^N 是非国有企业与银行间的再分配冲击。

$$ACK_t^N = \frac{\varphi^{KN}}{2} \frac{(K_t^N - K_{t-1}^N)^2}{K^N} \tag{7-43}$$

$$ACL_t^N = \frac{\varphi^{NN}}{2} \frac{(L_t^N - L_{t-1}^N)^2}{L^N} \tag{7-44}$$

非国有企业部门通过积累房地产、雇用家庭部门的劳动力进行生产，其资金来源于银行借款，企业家的生产函数可以表示为科布－道格拉斯生产函数形式，即式（7-45）所示。

$$Y_t^N = A_t^Z (Z_t^{KN} K_{t-1}^N)^{\alpha(1-\mu)} (Z_t^{KH} K_t^H)^{\alpha\mu} (H_t^N)^v$$

$$((1-\kappa)N_t^H)^{(1-\alpha-v)(1-\sigma)} ((1-\kappa)N_t^I)^{(1-\alpha-v)\sigma} \qquad (7-45)$$

式（7-45）中，A_t 表示非国有企业的技术水平。本模型还引入了非国有企业贷款的约束条件，即非国有企业的融资需要固定资产作为抵押品，不等式（7-46）左边指的是非国有企业能够向银行借到的最大贷款水平，不等式右边是企业当前预计的未来固定资产（房地产）在当前的价值的一部分，m_H 表示企业的借款最多不能超过房地产价值的比例，m_K 表示企业的借款最多不能超过实物资本的比例，m_N 表示企业必须预先支付的工资比例。

$$L_t^N \leqslant \rho^N L_{t-1}^N + (1-\rho^N) A_t^{MN} \Big(m_{HN} E_t \big(\frac{q_{t+1}}{R_{t+1}^N} H_t^N \big) +$$

$$m_{KN} K_t^N - m_{NN}(1-\kappa)(W_t^H N_t^H + W_t^I N_t^I) \Big) \qquad (7-46)$$

令 λ_t^N 表示通过消费边际效用归一化的借贷约束乘数，企业家可以通过选择贷款数量 L_t^N［式（7-47）］、持有的实物资本数量 K_t^N［式（7-48）］及选择房地产数量 H_t^N［式（7-49）］来最大化自身效用。

$$\Big(1 - \lambda_t^N - \frac{\partial ACL_t^N}{\partial L_t^N} \Big) u(C_t^N) = \beta^N E_t ((R_{t+1}^N - \rho^N \lambda_{t+1}^N) u(C_{t+1}^N)) \qquad (7-47)$$

$$\Big(1 - \frac{\partial ACK_t^N}{\partial K_t^N} - \lambda_t^N (1-\rho^N) m_{KN} A_t^{MN} \Big) u(C_t^N)$$

$$= \beta^N E_t ((1 - \delta_{t+1}^{KN} + R_{t+1}^{KN} Z_{t+1}^{KN}) u(C_{t+1}^N)) \qquad (7-48)$$

$$\Big(q_t - \lambda_t^N (1-\rho^N) m_{HN} A_t^{MN} E_t \frac{q_{t+1}}{R_{t+1}^N} \Big) u(C_t^N) = \beta^N E_t (q_{t+1}(1 + R_{t+1}^{VN}) u(C_{t+1}^N))$$

$$\qquad (7-49)$$

7.1.4　市场出清条件

如果将房地产的总供应量归一化，那么在模型中，房地产市场的出清条件可以表示为式（7-50），即：

$$H_t^H + H_t^I + H_t^S + H_t^N = 1 \qquad (7-50)$$

此外，经济体中的总产出 Y_t 可以用式（7-51）表示。

$$Y_t = Y_t^S + Y_t^N \qquad (7-51)$$

7.2 模型稳态求解

7.2.1 异质性家庭部门的稳态条件

与第4章家庭异质性模型相似，在稳态情况下，储蓄型家庭部门的消费取决于所拥有的实物资本带来的净收益（即租借实物资产获得的收益与实物资产折旧之差）、净存款（单位存款收益与存款之差）以及劳动报酬，如式（7-52）所示。

$$C^H = (R^{KH} - \delta^{KH})K^H + (R^H - 1)D + W^H N^H \qquad (7-52)$$

储蓄型家庭消费的边际效用 $u(C_t^H)$ 以及购买房地产的边际效用 $u(H_t^H)$ 的稳态情况分别用式（7-53）和式（7-54）表示。

$$u(C^H) = \frac{1}{C^H} \qquad (7-53)$$

$$u(H^H) = \frac{j}{H^H} \qquad (7-54)$$

最优条件下的储蓄型家庭存款、储蓄型家庭的劳动力供应、储蓄型家庭的资本租借以及房地产需求的稳态条件可以分别表述成如下所示。

$$R^H = \frac{1}{\beta^H} \qquad (7-55)$$

$$\frac{W^H}{C^H} = \frac{\tau^H}{1 - N^H} \qquad (7-56)$$

$$R^{KH} = \frac{1}{\beta^H} - (1 - \delta^{KH}) \qquad (7-57)$$

$$(1 - \beta^H)\frac{q}{C^H} = \frac{j}{H^H} \qquad (7-58)$$

同理，可以得到借贷型家庭部门的预算约束稳态条件。从式（7-59）中可以看到，借贷型家庭部门在稳态条件下，其消费取决于劳动收入和从银行部门获得的净贷款（即获得的贷款额与付出的贷款成本之差）。

$$C^I + (R^I - 1)L^I = W^I N^I \qquad (7-59)$$

借贷型家庭除了受到预算约束外，还受到银行部门的贷款限制。其借款能力的稳态条件可以写成式（7-60）所示，即从稳态情况下来看，借贷型家庭部门的借款仅与其持有的房地产价值有关。

$$L^I = m_I \frac{q}{R^I} H^I \tag{7-60}$$

借贷型家庭消费的边际效用 $u(C_t^I)$ 以及购买房地产的边际效用 $u(H_t^I)$ 的稳态情况分别用式（7-61）和式（7-62）表示。

$$u(C^I) = \frac{1}{C^I} \tag{7-61}$$

$$u(H^I) = \frac{j}{H^I} \tag{7-62}$$

最优条件下借贷型家庭获得的贷款数量、劳动力供应以及房地产需求一阶条件的稳态模型可以表示成如下所示。

$$(1 - \lambda^I) = \beta^I (R^I - \rho^I \lambda^I) \tag{7-63}$$

$$\frac{W^I}{C^I} = \frac{\tau^I}{1 - N^I} \tag{7-64}$$

$$\left(q - \lambda^I (1 - \rho^I) m_I \frac{q}{R^I} \right) H^I = jC^I + \beta^I q H^I \tag{7-65}$$

7.2.2 银行家的稳态条件

在两部门异质性模型中，银行部门稳态情况下的消费水平与银行借贷的利差相关，如式（7-66）所示，而其吸收的贷款与发放的存款之间的关系则如式（7-67）所示。

$$C^B = (1 - R^H)D + (R^I - 1)L^I + (R^S - 1)L^S + (R^N - 1)L^N \tag{7-66}$$

$$D = \gamma^I L^I + \gamma^S L^S + \gamma^N L^N \tag{7-67}$$

银行部门选择吸收存款数量、选择给借贷型家庭发放的贷款数量、给国有企业部门发放的贷款数量和选择给非国有企业部门发放的贷款数量的稳态条件可以分别得到消费边际效用归一化的借贷约束乘数以及给各贷款主体的单位贷款收益。

$$\lambda^B = \frac{1 - \beta^B R^H}{1 - \beta^B \rho^D} \tag{7-68}$$

$$R^I = \frac{1}{\beta^B} - \frac{(1 - \beta^B)\rho^D + (1 - \rho^D)\gamma^I}{\beta^B} \lambda^B \tag{7-69}$$

$$R^S = \frac{1}{\beta^B} - \frac{(1-\beta^B)\rho^D + (1-\rho^D)\gamma^S}{\beta^B}\lambda^B \qquad (7-70)$$

$$R^N = \frac{1}{\beta^B} - \frac{(1-\beta^B)\rho^D + (1-\rho^D)\gamma^N}{\beta^B}\lambda^B \qquad (7-71)$$

7.2.3 异质性企业家的稳态条件

在两部门异质性模型中，国有企业预算约束的稳态条件可以用式（7-72）表示。国有企业的预算约束中不涉及从家庭部门租借的实物资产，因此国有企业家的消费只和国有企业的产出、从银行部门获得的净贷款、应支付的工人工资和自有实物资产的物理折旧有关。

$$C^S + \kappa(W^H N^H + W^I N^I) = Y^S - \delta^{KS}K^S + (1-R^S)L^S \qquad (7-72)$$

国有企业部门的生产函数的稳态形式如式（7-73）所示。

$$Y^S = \rho^\xi (K^S)^\alpha (H^S)^v (\kappa N^H)^{(1-\alpha-v)(1-\sigma)} (\kappa N^I)^{(1-\alpha-v)\sigma} \qquad (7-73)$$

本章模型中的国有企业部门稳态条件下的贷款与第5章一致，主要与拥有的房地产价值、实物资产数量以及需要支付给家庭部门的工资相关，同时与银行部门认定的各部分抵押率有关。

$$L^S = m_{HS}\frac{q}{R^S}H^S + m_{KS}K^S - m_{NS}\kappa(W^H N^H + W^I N^I) \qquad (7-74)$$

国有企业选择的每一期贷款数量、持有的实物资产数量以及选择房地产数量的稳态情况分别可以得到国有企业部门消费边际效用归一化的借贷约束乘数、国有企业实物资产和国有企业房地产的机会成本。

$$\lambda^S = \frac{1-\beta^S R^S}{1-\beta^S \rho^S} \qquad (7-75)$$

$$R^{KS} = \frac{1}{\beta^S} - (1-\delta^{KS}) - \frac{\lambda^S m_{KS}}{1-\lambda^S} \qquad (7-76)$$

$$R^{VS} = \frac{1}{\beta^S} - 1 - \frac{\lambda^S(1-\rho^S)m_{HS}}{\rho^S R^S} \qquad (7-77)$$

与国有企业不同的是，非国有企业需要向家庭部门租借实物资产用于生产，因此其稳态条件下的约束条件还与家庭部门实物资产的租借相关。

$$C^N + (1-\kappa)(W^H N^H + W^I N^I) + R^{KH}K^H = Y^N - \delta^{KN}K^N + (1-R^N)L^N$$

$$(7-78)$$

非国有企业部门的生产函数的稳态形式如式（7-79）所示。

$$Y^N = (K^N)^{\alpha(1-\mu)} (K^H)^{\alpha\mu} (H^N)^v ((1-\kappa)N^N)^{(1-\alpha-v)(1-\sigma)} ((1-\kappa)N^I)^{(1-\alpha-v)\sigma}$$

$$(7-79)$$

非国有企业部门稳态条件下的贷款主要与拥有的房地产价值、实物资产数量以及需要支付给家庭部门的工资相关，同时与银行部门认定的各部分抵押率有关。与国有企业不同的是，银行对每部分价值的认定以及相关的抵押系数，与国有企业存在差别。

$$L^N = m_{HN}\frac{q}{R^N}H^N + m_{KN}K^N - m_{NN}(1-\kappa)(W^H N^H + W^I N^I) \quad (7-80)$$

非国有企业选择的每一期贷款数量、持有的实物资产数量以及选择房地产数量的稳态情况分别可以得到非国有企业部门消费边际效用归一化的借贷约束乘数、非国有企业实物资产和非国有企业房地产的机会成本。

$$\lambda^N = \frac{1-\beta^N R^N}{1-\beta^N \rho^N} \quad (7-81)$$

$$R^{KN} = \frac{1}{\beta^N} - (1-\delta^{KN}) - \frac{\lambda^N m_{KN}}{1-\lambda^N} \quad (7-82)$$

$$R^{VN} = \frac{1}{\beta^N} - 1 - \frac{\lambda^N(1-\rho^N)m_{HN}}{\rho^N R^N} \quad (7-83)$$

7.2.4 市场出清的稳态条件

将房地产的总供应量归一化，模型中房地产市场出清的稳态条件可以表示为式（7-84）。最终产品市场出清的稳态条件由式（7-85）表示。

$$H^H + H^I + H^S + H^N = 1 \quad (7-84)$$

$$Y = Y^S + Y^N \quad (7-85)$$

7.3 数值模拟分析

7.3.1 参数校准

本章所建立的理论模型是第5章和第6章模型的综合，模型不存在显示解，我们同样采用数值算法求解模型。本节将在第5章和第6章赋值的基础上，对模型参数进行校准，表7-1是对模型参数校准情况的总结。

表7-1 参数校准情况

参数	取值	来源	参数	取值	来源
β^H	0.9925	稳态值校准	β^I	0.9875	稳态值校准
γ^I	0.9000	Iacoviello，2015	m_I	0.9000	Iacoviello，2015
j	0.0750	Iacoviello，2015	τ^I	2.0000	王云清等，2013
τ^H	2.0000	王云清等，2013	κ	0.4000	稳态值校准
δ^{KH}	0.0250	康立和龚六堂，2014	γ^N	0.9000	Iacoviello，2015
β^B	0.9900	稳态值校准	β^N	0.9625	稳态值校准
γ^S	0.9500	稳态值校准	δ^{KN}	0.0250	康立和龚六堂，2014
β^S	0.9750	稳态值校准	m_{HN}	0.9000	Iacoviello，2015
δ^{KS}	0.0250	康立和龚六堂，2014	m_{KN}	0.9000	Iacoviello，2015
m_{HS}	0.9800	稳态值校准	m_{NN}	0.9000	Iacoviello，2015
m_{KS}	0.9800	稳态值校准	α	0.4500	高然等，2018
m_{NS}	1.0000	稳态值校准	ρ^ξ	0.7500	稳态值校准

按照第5章和第6章的思路，我们对本章模型进行赋值，同时本章模型参数的赋值也是依照前两章的模型进行，是前两章模型的综合，即本章将参数的取值分为三类：对于常见的、中国学者进行相关研究的，其取值与中国学者保持一致；对于部分参数，如贴现率等，则根据模型的稳态值进行校准，保证与中国的实际情况一致；对于其他参数，由于缺少相应的数据和研究，本书采取Iacoviello（2015）的研究数据进行赋值。

首先，我们校准家庭部门参数。家庭部门是异质性的，分为储蓄型家庭和借贷型家庭。储蓄型家庭贴现因子取0.9925，从而使稳态时年度存款利率为3%；借贷型家庭贴现因子取0.9875，从而使稳态时年度贷款利率为5%；储蓄型家庭和借贷型家庭的劳动供给弹性一致，均取2（王云清等，2013）；家庭部门的资本折旧率为0.025，即年折旧率为10%，与康立和龚六堂（2014）的研究保持一致；按照Iacoviello（2015）的研究，本书将房地产投资偏好设定为0.075，借贷型家庭房地产贷款价值比设定为0.9，以保持一致。

其次，对银行部门进行参数校准。银行家贴现因子取0.99，从而使模型中的信贷约束在稳态附近的等式成立，银行与借贷型家庭之间的取值为0.9，与国有企业之间的资产负债率取值为0.95，与非国有企业之间的取值为0.9，这与 Iacoviello（2015）的研究保持一致。

最后，对生产部门进行参数校准。在本模型中，生产部门分为国有企业和非国有企业。相较于非国有企业而言，国有企业在资金实力以及借贷约束方面较非国有企业具有明显的优势，但是在生产效率等方面又存在不足。具体来说，一方面，国有企业依靠自身的国有背景，拥有雄厚的实物资产，因此不需要租借家庭部门的实物资产进行生产；另一方面，国有企业在向银行贷款时，受到的约束条件更加宽松，银行在评估国有企业抵押物时，会给予更高的价值系数，即国有企业的杠杆约束更松。但是国有企业相较于非国有企业而言，又需要承担更高的社会责任，即在评估抵押物价值时，国有企业必须全部支付工人工资，但是非国有企业只需要支付部分比例，而在企业的生产时，国有企业的生产效率往往又更低。基于上述分析，本书进一步对生产部门的相关参数进行赋值。国有企业的贴现因子取值为 0.975，从而使稳态时的年度贷款利率为 10%，而非国有企业的贴现因子取值为 0.9625，使得稳态时的年度贷款利率保持在 15%；生产企业的资本充足率取值为 0.65，与 Iacoviello（2015）的研究保持一致；资本折旧率为 0.025，即年折旧率为 10%，与康立和龚六堂（2014）的研究保持一致；对非国有企业部门而言，其房地产贷款价值比、企业部门资本贷款价值比以及预先支付的工资比例均为 0.9，与 Iacoviello（2015）的研究保持一致，国有企业部门依靠自身雄厚的国有背景，其房地产贷款价值比、企业部门资本贷款价值比要略高于非国有企业，取值为 0.98，同时预先支付的工资比例为 1，符合国有企业较高的社会责任的形象；国外相关文献对资本产出弹性的取值一般在 0.3～0.4 之间，中国学者对资本产出弹性的值进行了修正，如张军（2002）的估计值为 0.499，仝冰（2017）的取值为 0.43，普遍高于国外文献中的常用值，本书认为以高然等（2018）估算的 0.45 作为参数的取值较为合理。

表 7-2 和表 7-3 是通过收集整理中国实际数据对结构性参数和冲击过程进行估计。在本节中，收集了 2007 年第一季度到 2016 年第二季度的家庭部门消费水平、固定资产投资水平、土地价格指数、家庭部门贷款、企业部门贷款、家庭部门不良贷款余额、企业部门不良贷款余额以及全要素生产率等 8 组数据。其中，家庭部门消费水平、固定资产投资水平以及土地价格指数的数据来源于 Chang 等（2016）、Higgins 和 Zha（2015）的研究整理①，对数据进行对数处理，并去除了时间趋势；家庭部门贷款和企业部门贷款数据来源于中国

---

① 数据来源：上海交通大学宏观金融研究中心，http://cmf.cafr.cn/data/listpage。

人民银行调查统计司①，通过笔者手动整理获取，并对数据进行对数处理后去除了时间趋势；家庭部门不良贷款余额和企业部门不良贷款余额的数据来源于万得数据库的中国宏观经济数据，对数据进行对数处理后去除了时间趋势；中国宏观全要素生产率数据来源于人大经济论坛整理所得②，同样对数据进行对数处理后去除了时间趋势。需要说明的是，由于中国人民银行未披露贷款投向国有企业、非国有企业的数据以及国有企业、非国有企业的不良贷款余额，因此，本节无差别设置国有企业和非国有企业的参数。

表 7 - 2　结构性参数的估计

参数	描述	先验分布	后验均值	90% 置信区间	
η	消费习惯	beta	0.2770	0.1757	0.3749
φ^{DB}	银行存款调整成本系数	gamm	0.2522	0.0666	0.4381
φ^{DH}	家庭存款调整成本系数	gamm	0.3195	0.1620	0.4794
φ^{KS}	国有企业资本调整成本系数	gamm	1.7036	0.5409	2.8192
φ^{KN}	非国有企业资本调整成本系数	gamm	1.7036	0.5409	2.8192
φ^{KH}	家庭资本调整成本系数	gamm	1.1741	0.2316	2.0694
φ^{SB}	国有企业贷款银行成本调整系数	gamm	0.1961	0.0424	0.3447
φ^{NB}	非国有企业贷款银行成本调整系数	gamm	0.1961	0.0424	0.3447
φ^{SS}	企业贷款国有企业成本调整系数	gamm	0.1749	0.0469	0.2928
φ^{NN}	企业贷款非国有企业成本调整系数	gamm	0.1749	0.0469	0.2928
φ^{HB}	家庭贷款银行成本调整系数	gamm	0.2277	0.0748	0.3675
φ^{BH}	家庭贷款家庭成本调整系数	gamm	0.2577	0.0815	0.4097
μ	生产中企业资本份额	beta	0.5801	0.4472	0.7094
v	生产中房地产份额	beta	0.0286	0.0159	0.0411
ρ^{D}	银行资本充足率约束系数	beta	0.2698	0.0866	0.4426
ρ^{S}	国有企业借贷约束系数	beta	0.7267	0.6271	0.8232
ρ^{N}	非国有企业借贷约束系数	beta	0.7267	0.6271	0.8232
ρ^{I}	借贷型家庭借贷约束系数	beta	0.7238	0.6309	0.8178

① 数据来源：中国人民银行调查统计司，http://www.pbc.gov.cn/diaochatongjisi/116219/index.html。

② 数据来源：人大经济论坛。https://bbs.pinggu.org/a - 2950130.html。

参数	描述	先验分布	后验均值	90% 置信区间	
σ	借贷型家庭工资份额	beta	0.5569	0.4321	0.6800

从表 7 - 2 中可以发现，生产中企业资本份额为 0.58，略高于先验值 0.5。受约束家庭的工资份额 σ 为 0.56，产出对企业家房地产的弹性估计为 0.03，这意味着商业房地产与年产值的稳态比约为 0.3。家庭和企业家的借贷约束限制（超过 0.7）比银行的资本充足率（0.27）限制大得多。有趣的是，借款约束的惯性与众所周知的观察结果一致，即各种信贷量指标倾向于滞后于商业周期，而不是领先于商业周期。

表 7 - 3 报告了对冲击过程的估计。本节假设所有参数都是先验的。从后验均值以及后验分布的 10% 和 90% 置信区间可以看到，冲击的自相关系数的范围为 0.6755 至 0.9995，说明估计的所有冲击都是相当持久的。

表 7 - 3　冲击过程的估计

参数	描述	先验分布	后验均值	90% 置信区间	
ρ^{bs}	国有企业违约冲击自回归系数	beta	0.8999	0.8565	0.9448
ρ^{bn}	非国有企业违约冲击自回归系数	beta	0.8999	0.8565	0.9448
ρ^{bi}	家庭违约冲击自回归系数	beta	0.9958	0.9923	0.9991
ρ^{j}	房地产需求冲击自回归系数	beta	0.9775	0.9657	0.9904
ρ^{k}	投资冲击自回归系数	beta	0.7980	0.6755	0.9304
ρ^{ms}	国有企业杠杆率冲击自回归系数	beta	0.8917	0.8161	0.9793
ρ^{mn}	非国有企业杠杆率冲击自回归系数	beta	0.8917	0.8161	0.9793
ρ^{mi}	家庭杠杆率冲击自回归系数	beta	0.7766	0.6454	0.8925
ρ^{p}	偏好冲击自回归系数	beta	0.9968	0.9940	0.9995
ρ^{z}	技术冲击自回归系数	beta	0.9407	0.8979	0.9850
σ^{bs}	国有企业违约冲击标准差	invg	0.0639	0.0476	0.0810
σ^{bn}	非国有企业违约冲击标准差	invg	0.0639	0.0476	0.0810
σ^{bi}	家庭违约冲击标准差	invg	0.0683	0.0497	0.0873
σ^{j}	房地产需求冲击标准差	invg	0.2490	0.1466	0.3577
σ^{k}	投资冲击标准差	invg	0.0031	0.0017	0.0044
σ^{ms}	国有企业杠杆率冲击标准差	invg	0.0445	0.0257	0.0619

参数	描述	先验分布	后验均值	90% 置信区间	
σ^{mn}	非国有企业杠杆率冲击标准差	invg	0.0445	0.0257	0.0619
σ^{mi}	家庭杠杆率冲击标准差	invg	0.0553	0.0369	0.0730
σ^{p}	偏好冲击标准差	invg	0.1133	0.0823	0.1450
σ^{z}	技术冲击标准差	invg	0.0052	0.0039	0.0067

7.3.2 传导机制分析

本书模型涉及家庭部门异质性和企业部门异质性，相比较前两章而言，本章的模型设定更为复杂，共有 10 个外生冲击，包括借贷型家庭受到的再分配冲击 ε_t^I、国有企业受到的再分配冲击 ε_t^S、非国有企业受到的再分配冲击 ε_t^N、家庭部门对房地产需求的冲击 A_t^j、家庭部门对消费偏好和房地产偏好的联合冲击 A_t^P、生产部门受到的技术冲击 A_t^Z、特定于投资的技术冲击 A_t^K、家庭部门的杠杆率冲击 A_t^{MI}、国有企业部门的杠杆率冲击 A_t^{MS} 及非国有企业部门受到的杠杆率冲击 A_t^{MN}。本书假定所有冲击均满足均值为 0 的一阶自回归模型，由于本书主要分析杠杆约束对经济波动的影响，因此，为了更加突出研究主题，本节主要分析借贷型家庭受到的再分配冲击 ε_t^I、国有企业受到的再分配冲击 ε_t^S、非国有企业受到的再分配冲击 ε_t^N 以及家庭部门的杠杆率冲击 A_t^{MI}、国有企业部门的杠杆率冲击 A_t^{MS} 以及非国有企业部门受到的杠杆率冲击 A_t^{MN} 这六个外生冲击对经济的影响。本章将表 7 - 1 到表 7 - 3 的参数赋值到稳态模型中，通过 Matlab 软件绘制相关图表。

7.3.2.1 再分配冲击

图 7 - 1 至 7 - 3 是再分配冲击对经济体主要变量的影响。其中 7 - 1 是家庭部门再分配冲击对经济的影响。一方面，当经济体受到来自家庭部门的再分配冲击，即资金从银行转移到家庭部门，在经济体中，由于流向实体部门的资金减少，即总投资下降，因而总产出呈现下降趋势，经济体中的总消费水平也会随着总产出的下降而下降。另一方面，受到家庭部门的再分配冲击，银行的资金部分流向家庭部门，因此能够用于向家庭和实体经济部门借贷的资金量下降，导致社会贷款总量下降，各部门的贷款利率随之上升。此时，银行部门受

到资产损失，会提高贷款利率，因此，经济体的风险上升，不论是家庭部门还是企业部门的风险溢价也随之上升。

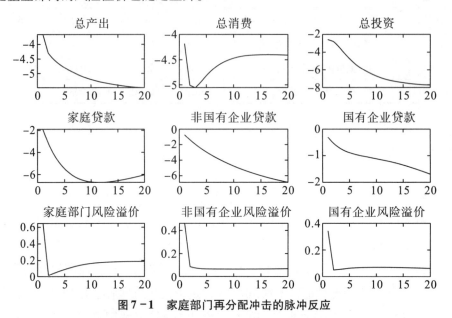

图7-1　家庭部门再分配冲击的脉冲反应

注：将校准后的参数赋值到稳态模型中，利用 Matlab 软件绘制所得。下同。

图7-2是经济体受到国有部门再分配冲击的脉冲反应。一方面，当银行部门的资金流向国有企业时，国有部门将资金用于扩大投资生产，因此社会总投资上升，进而总产出上升，而产出的增加进而促进了消费的上升；另一方面，由于银行的资金流向国有企业部门，银行受到杠杆率和资本充足率的约束，能够用于放贷的资金减少，因此贷款总量下降，进而会提高家庭部门、国有企业部门以及非国有企业部门的贷款利率，因此经济体中家庭部门以及企业部门的风险溢价升高。

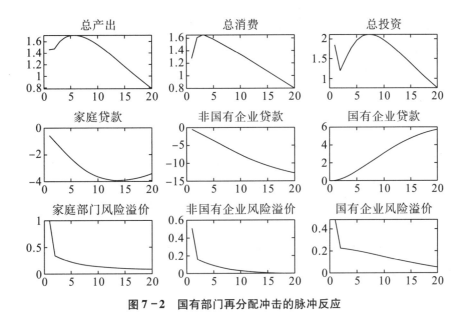

图 7-2 国有部门再分配冲击的脉冲反应

图 7-3 是受到非国有部门再分配冲击时，经济体中主要变量的脉冲反应。当银行资本流向非国有企业部门时，与图 7-2 一致，银行可用于贷款的量下降，因此贷款利率会上升，导致家庭部门和企业部门风险溢价提高。而大量的资金进入非国有企业部门后，社会总投资出现上升趋势，导致总体产出上升，进而提高了经济体的消费水平。

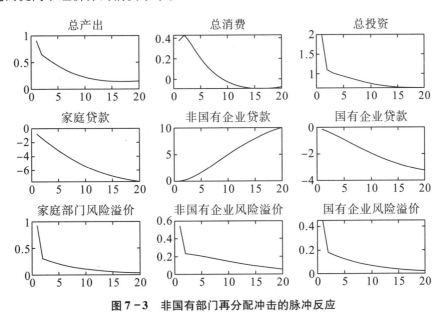

图 7-3 非国有部门再分配冲击的脉冲反应

对比图 7-1 到图 7-3 可以发现，当经济体面对再分配冲击时，会导致经济中的风险溢价水平提高。这是因为再分配冲击的出现，导致资金在银行和其他部门之间进行重新分配，对于银行来说是净损失方，不论是银行的资金流向家庭部门还是流向国有企业或者非国有企业部门，银行都会面临损失，导致可贷资金下降。银行为了减少资金损失，会提高借贷利差，即提高风险溢价水平来维持经济体的平衡。另外，值得注意的是，当再分配冲击出现在家庭部门中的时候，会导致经济体总产出下降，而无论出现在国有企业部门还是非国有企业部门，都会导致总体产出上升。这是因为当资金流向家庭部门时，会被家庭消费，这部分资金不能进入生产函数中；而当再分配冲击出现在企业部门中的时候，资金除了被消费外，还会进入生产中，因此总产出会上升，进而进一步促进消费的上升。从脉冲图中也可以看到，当国有企业受到再分配冲击时，其对经济的影响要大于非国有企业的再分配冲击。

7.3.2.2 杠杆率冲击

本章进一步探究家庭部门杠杆率冲击 A_t^{MI}、国有企业部门杠杆率冲击 A_t^{MS} 以及非国有企业部门杠杆率冲击 A_t^{MN} 对经济的影响。其中，图 7-4 反映了受到家庭部门杠杆率冲击影响时，经济体主要变量的脉冲反映。当经济体受到家庭部门杠杆率冲击时，银行会将更多的资金通过贷款的方式借给家庭部门，这是因为家庭部门的资产抵押情况更好，能够获得的贷款更多。考虑到家庭部门获得的贷款不能用于生产，因此社会总的投资水平下降。家庭部门获得的贷款主要用于消费，但由于经济体中的总产出水平下降，因此整个经济中总消费水平会先上升继而转为下降趋势。家庭部门获取的贷款数量会挤压企业部门获得贷款的可能性，而非国有企业可以通过租借家庭部门实物资产的方式进行生产，因此其贷款水平有可能呈现上升趋势，而国有企业部门的贷款数量则呈现明显的下降趋势。从风险方面来看，由于家庭部门杠杆扩张，风险增加，因此风险溢价也会上升，而企业部门的风险溢价则表现出下降的趋势。

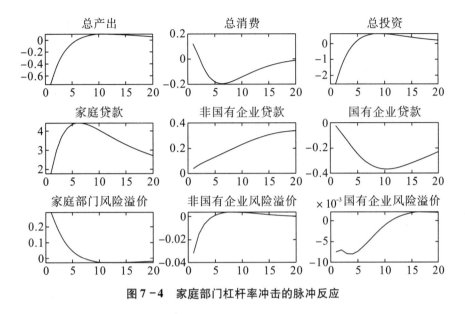

图7-4 家庭部门杠杆率冲击的脉冲反应

图7-5进一步反映了实体经济部门对家庭部门杠杆率冲击的反应。其中，图7-5左边是非国有部门对家庭部门杠杆率冲击的反应。当经济体受到家庭部门杠杆率的冲击时，非国有企业的产出水平下降，从银行贷款的成本上升，消费水平会增加。国有企业的反应与非国有企业相似，同样是由贷款成本的上升导致生产成本增加，产出减少，如图7-5右边所示。而国有企业的贷款成本受到家庭杠杆率扩张冲击的影响更大。

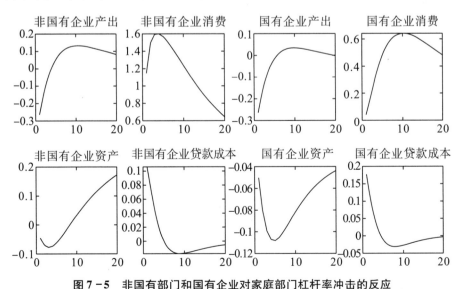

图7-5 非国有部门和国有企业对家庭部门杠杆率冲击的反应

相比较于第 5 章的模型，本章模型在受到同样的家庭部门杠杆约束冲击后，对经济产生的影响更大。具体而言，本章模型在受到一个单位的家庭部门杠杆约束冲击后，总产出下降的幅度上升，主要原因在于家庭部门获得更多的资金后，企业部门获得的贷款总量随之下降，在企业部门中，非国有企业的贷款成本影响较小，因此对非国有企业产出的影响更小，但对于国有企业来说，其贷款成本受到家庭杠杆约束冲击的影响更大，产出水平下降更多。根据此前的设定，国有企业的生产效率相较于非国有企业而言更低，因此造成资源浪费更多，社会总产出下降更快，即家庭部门杠杆约束冲击会加剧经济波动。

图 7-6 是经济体受到非国有部门杠杆率冲击的脉冲反应。当非国有企业受到一个标准差的杠杆约束冲击后，经济体总投资下降，经济体总产出水平下降，进而导致总消费水平下降。可能的解释在于，从基准模型的静态分析中可以发现，随着企业杠杆率的变化，社会总产出会出现先上升后下降的变化，即企业杠杆率在一定范围内，随着企业杠杆率的上升会促进产出的增长，但是超过一定的阈值之后，会降低社会产出。目前，中国非金融企业部门杠杆率（企业部门总负债/名义 GDP）已经达到 151.60%。就单纯的横向对比而言，现阶段，中国非金融企业部门杠杆率已经超越了美国和日本，在绝对量上甚至超过金融危机时期的美国企业部门杠杆率（70%）和泡沫破裂期的日本企业部门杠杆率（147.4%）。当企业的杠杆率升高到阈值之上时，尽管企业可以通过购买更多实物资本扩大生产，但是由于家庭部门资金富裕，会将持有的实物资本出售并投资于房地产市场，所以企业持有房地产的成本增加，用于生产的房地产数量下降；并且由于家庭部门工资水平的上升，企业的人工成本进一步增加，所以雇佣的工人数量下降。这些因素的共同作用会导致企业的最终产出下降。相较于第 6 章模型而言，在本章模型中，当经济体受到一个单位的非国有部门杠杆约束冲击，经济体总产出下降的幅度更大，即会产生更大的经济波动。

另一方面，由于非国有企业扩大杠杆率，从银行获得贷款后，会挤出家庭部门和国有企业部门的贷款。非国有企业过高的杠杆率会增加企业风险，因此风险溢价上升，而相较于非国有企业而言，家庭部门和国有企业的贷款溢价则会出现不同程度的下降趋势。

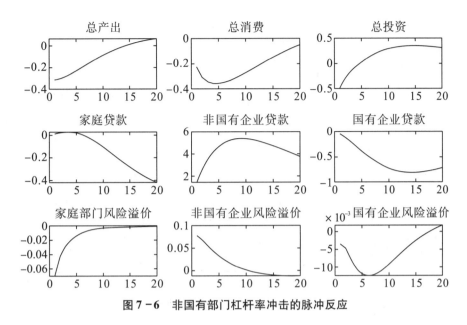

图7-6 非国有部门杠杆率冲击的脉冲反应

图7-7是经济体面对国有企业杠杆率冲击的脉冲反应。当经济体受到一个标准差的国有企业杠杆率冲击时，银行部门会将更多的贷款借贷给国有企业部门，因此银行的总贷款量上升。由于国有企业部门的杠杆扩张，在获得更多的银行借贷后，非国有企业的贷款数量下降，会相应地提高借款利率以补偿银行部门的资金成本。当更多的资金进入国有企业部门后，社会的总投资量会上升，进而促进社会总产出的提高和消费的增长，因此对经济体的发展是有益的，而社会总产出的提高反过来会雇佣更多的工人，相应的工资水平也会提高。国有企业部门的杠杆扩张通过推动资产价格上升有效地刺激了投资，促进经济增长。相较于第6章模型而言，在本章模型中，当经济体受到一个单位的国有部门杠杆约束冲击时，经济体总产出上升的幅度更大，即同样会产生更大的经济波动。

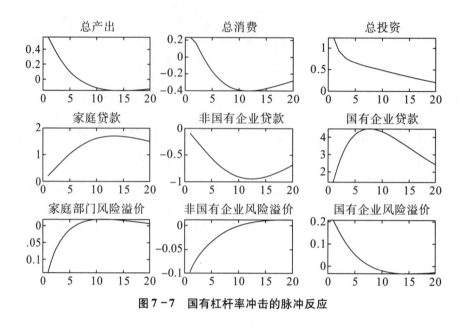

图 7 - 7　国有杠杆率冲击的脉冲反应

7.3.3　方差分解

本章模型较为复杂，共涉及 10 个外生变量，为了更好地分析变量受到哪些冲击的影响更大，本节进一步对主要变量的方差进行分解。从表 7 - 4 的结果中可以看到，总产出受到家庭部门再分配冲击和家庭部门对消费偏好和房地产偏好的联合冲击的影响更大，分别为 58.01% 和 41.47%。而在总产出中，国有产出除了受到家庭部门再分配冲击和家庭部门对消费偏好和房地产偏好的联合冲击的影响较大外，还会受到实体经济的再分配冲击，冲击影响为 2.61%。而非国有企业产出同样受到再分配冲击和家庭部门对消费偏好和房地产偏好的联合冲击的影响较大。对于消费变量来说，总消费受到与家庭部门对消费偏好和房地产偏好的联合冲击 A_t^P 以及家庭部门再分配冲击的关系更为紧密，其所产生的影响分别达到 46.59% 和 52.84%。如果分类别来看，借贷型家庭的消费主要受到家庭部门再分配冲击的影响，而国有企业消费还与实体经济再分配冲击有关，非国有消费与国有企业消费的表现类似，但是受到非国有企业再分配冲击的影响更深，达到 32.86%；对于投资而言，非国有企业主要受到家庭部门的再分配冲击，从前文中的分析中也可以看到，当经济体受到家庭部门再分配冲击时，经济体的消费量增长较快，资金并没有进入实体经济部门用于扩大生产，使得总投资量下降较快；总贷款量主要与再分配冲击和杠杆冲击的关系更加紧密，其中家庭贷款主要与家庭部门的再分配冲击和非国有企业再分配冲击有关，所产生的影响分别达到 36.65% 和 23.27%，实体部门的贷款除了和再分配冲击相关外，自身的杠杆率冲击还产生了显著影响；最后关于工资率的影响，和实体经济的再分配冲击以及技术冲击相关，这是因为这些冲击都能够进一步扩大产出，使得居民的福利水平提高，劳动供给增加，工资增加。

表 7-4　主要变量的方差分解结果（单位：%）

类别	ε_t^I	ε_t^S	ε_t^N	A_t^j	A_t^K	A_t^{MN}	A_t^{MS}	A_t^{MI}	A_t^P	A_t^Z
总产出	58.01	0.35	0.07	0.03	0.00	0.01	0.01	0.01	41.47	0.04
国有产出	57.42	2.09	0.52	0.05	0.00	0.02	0.06	0.00	39.78	0.05
非国有产出	57.49	0.95	0.89	0.02	0.00	0.02	0.04	0.00	40.55	0.05
总消费	52.84	0.37	0.07	0.05	0.00	0.03	0.03	0.03	46.59	0.03
借贷型家庭消费	81.34	2.64	0.61	0.22	0.00	0.02	0.03	0.02	15.09	0.02
国有消费	73.21	16.19	3.30	0.07	0.01	0.04	0.90	0.01	6.25	0.01
非国有消费	22.38	43.76	32.86	0.06	0.00	0.05	0.10	0.01	0.78	0.00
总投资	67.13	0.38	0.17	0.06	0.01	0.02	0.05	0.08	32.03	0.07
总贷款	91.67	0.27	0.05	0.16	0.00	0.09	0.41	0.05	7.27	0.02
家庭贷款	36.65	2.81	23.27	23.20	0.01	0.05	0.48	2.63	10.77	0.12
国有贷款	80.70	8.24	2.98	0.28	0.00	0.04	1.14	0.01	6.60	0.02
非国有贷款	64.79	18.68	12.45	0.03	0.00	0.83	0.02	0.01	3.19	0.00
储蓄型家庭工资	84.19	2.50	0.46	0.01	0.00	0.00	0.05	0.00	12.75	0.00
借贷型家庭工资	80.44	12.03	2.10	0.60	0.01	0.09	0.19	0.04	4.41	0.10

注：将校准后的参数赋值到稳态模型中，利用 Matlab 软件分析所得。

7.4　本章小结

本章建立了家庭部门异质性和企业部门异质性条件下，部门杠杆约束与经济波动的理论模型，采用抵押物约束机制和信贷约束机制，刻画了杠杆扩张和收缩情况下的经济波动效应以及引发的冲击传导机制，深入探析了杠杆与宏观经济波动的内在关联和相互影响。通过数值模拟从再分配冲击和杠杆率冲击两个角度分析了各变量的动态变化情况。当经济体受到家庭部门的再分配冲击时，总产出下降。这是因为家庭部门获得银行的再分配资金会提高消费支出，进入家庭部门的资金没有流向实体经济部门，造成社会总投资下降，因此总产出也会下降。而当实体经济受到再分配冲击时，由于再分配的资金流向了实体部门，造成社会总投资上升，因而产出也会上升。

通过对杠杆率冲击的脉冲反应图进行分析可知，面对家庭部门的杠杆率冲击，银行将资金更多地贷向家庭部门，造成流入实体生产部门的资金减少，社会总投资下降，因此总产出也会下降，导致经济波动加剧。当非国有企业受到一个标准差的杠杆率冲击后，会导致整个经济体总产出水平上升。这是因为银行将更多的资金借贷给非国有企业部门，银行的贷款总量上升，而非国有企业部门进一步将资金投入生产中，社会总投资上升，总投资的上升进一步带动产出的上升。当经济体受到一个标准差的国有企业杠杆率冲击时，银行部门会将更多的贷款借贷给国有企业部门，银行总的贷款量上升。由于国有企业部门放松杠杆率的要求，在获得更多的银行借贷后，会导致非国有企业和家庭部门的借款量下降，但是非国有企业可以通过租借家庭部门的实物资产进行生产，使得社会的总投资量上升，进而促进社会总产出的提高，对经济体的发展是有益的。

本章的数值模拟结果显示，无论家庭部门杠杆扩张还是对家庭部门放松信贷约束都不能促进经济增长。而实体经济部门的杠杆扩张通过推动资产价格上升可有效地刺激投资，促进经济增长，但与此同时也会积累宏观风险，加剧经济波动。

下一章将对杠杆率与经济波动进行实证检验。

8 杠杆率与经济波动的实证检验

8.1　研究基础

8.1.1　研究方法

在现代计量经济学中，向量自回归模型（Vector Autoregression，VAR）是一种较为常见的时间序列分析模型，由于该模型可用于分析变量不同时动态平衡系统的变化情况，因此，在宏观经济分析中实现了广泛应用。VAR 是一种非结构性化模型，根据实际经济数据确定经济系统的动态结构，没有将模型系统中各变量对应的经济结构含义明确下来（Sims，1980）。因此，VAR 无法解释经济变量的当期关系，误差项结构可能将变量当期关系隐藏起来。除此之外，利用该模型设立脉冲响应函数模型时，不同变量排序产生了较大的影响，导致模型建立的随意性很强。结构向量自回归模型（Structural Vector Autoregression，后文简称 SVAR 模型）在 VAR 模型的基础上，引入经济理论变量的结构性关系，为上述问题寻求解决方案，将脉冲响应函数经济学含义确定下来。基于此，本书构建 SVAR 模型探讨经济波动与杠杆约束之间的相关关系，SVAR 模型的具体形式如式（8-1）所示，其中加粗的变量表示矩阵或者矢量，未标粗的变量表示标量。

$$AY_t = C + \sum_{i=1}^{p} A_i Y_{t-p} + RX_t + \mu_t \qquad (8-1)$$

其中，Y_t、X_t 分别表示模型系统的内生、外生变量。A、R 分别表示内生变量、外生变量的系数矩阵，p、$\boldsymbol{\mu}$ 分别表示模型系统中的滞后阶数、干扰列向量，即可以表示成式（8-2）所示：

$$\mathrm{Var}(\boldsymbol{\mu}_t) = \boldsymbol{\sigma} = \boldsymbol{BB'} \qquad (8-2)$$

对干扰项进行正交分解后，可以得到矩阵 $\boldsymbol{B}$ 是一个对角矩阵。设：

$$\boldsymbol{\mu}_t = \boldsymbol{B\varepsilon}_t \qquad (8-3)$$

其中，$\boldsymbol{\varepsilon}_t$ 被称为正交单位创元，即：

$$\mathrm{Var}(\boldsymbol{\varepsilon}_t) = \boldsymbol{I}_t \qquad (8-4)$$

其中，$\boldsymbol{I}_t$ 是单位矩阵。因此，式（8-1）可以改写成式（8-5）所示。

$$\boldsymbol{AY}_t = \boldsymbol{C} + \sum_{i=1}^{p} \boldsymbol{A}_i \boldsymbol{Y}_{t-p} + \boldsymbol{RX}_t + \boldsymbol{B\varepsilon}_t \qquad (8-5)$$

设 $\mathrm{Var}(\boldsymbol{v}_t) = \boldsymbol{S}$，即 $\boldsymbol{v}_t \sim N(0,\boldsymbol{S})$，其中，$\boldsymbol{v}_t = \boldsymbol{A}^{-1}\boldsymbol{\mu}_t$，对应式（8-1）中的干扰项。由于 $\boldsymbol{S}$ 是正定矩阵，所以可以进行 Cholesky 分解，即：

$$\boldsymbol{S} = \boldsymbol{PP'} \qquad (8-6)$$

由式（8-5）可以得到：

$$\boldsymbol{P} = \boldsymbol{A}^{-1}\boldsymbol{B} \qquad (8-7)$$

因此，通过 SVAR 模型估计得到的残差的方差-协方差矩阵 $\boldsymbol{S}$，我们可以通过式（8-6）和式（8-7）计算得到 $\boldsymbol{A}$ 和 $\boldsymbol{B}$。为了使得模型能够在 STATA 软件中确认，我们设定矩阵 $\boldsymbol{A}$ 是一个下三角矩阵，设定对角元素为 1，非对角元素体现了不同变量的同期因果关系（用 . 表示，待估计）；矩阵 $\boldsymbol{B}$ 是一个对角矩阵，系数（用 . 表示，待估计）反映了来自不同内生变量的随机干扰对系统的影响，我们进一步可以将矩阵 $\boldsymbol{A}$ 和 $\boldsymbol{B}$ 分别表示成如下所示：

$$\boldsymbol{A} = \begin{bmatrix} 1 & 0 & 0 & 0 & 0 & 0 \\ . & 1 & 0 & 0 & 0 & 0 \\ . & . & 1 & 0 & 0 & 0 \\ . & . & . & 1 & 0 & 0 \\ . & . & . & . & 1 & 0 \\ . & . & . & . & . & 1 \end{bmatrix}, \boldsymbol{B} = \begin{bmatrix} . & 0 & 0 & 0 & 0 & 0 \\ 0 & . & 0 & 0 & 0 & 0 \\ 0 & 0 & . & 0 & 0 & 0 \\ 0 & 0 & 0 & . & 0 & 0 \\ 0 & 0 & 0 & 0 & . & 0 \\ 0 & 0 & 0 & 0 & 0 & . \end{bmatrix}$$

其中，点（.）表示待估参数。

8.1.2　变量选取

本章构建的结构向量自回归模型中的变量包括名义 GDP、家庭部门杠杆率、非金融企业杠杆率、名义家庭部门消费、名义政府部门消费、名义资本形成总额、名义净出口量、贷款基准利率以及通货膨胀率等9个宏观经济变量，所有经济变量均采用季度数据，并进行了季度处理。下面是对所选取变量的描述及在实证中的处理。

（1）名义GDP。以劳务当年价格和生产物品为依据进行计算，获得所有产品最终市场价值。经过计算，得到名义GDP与其平减指数的比值，实际GDP取实际GDP的对数，就能获得实际GDP增速。由于本书是对经济波动相关方面的研究，因此，在得到实际GDP增速后，本书进一步对变量进行HP滤波处理，去除实际GDP增速的趋势项，将最终的经济波动记为 *GDP*。

（2）家庭部门杠杆率，即家庭贷款，既包括消费贷款，也涵盖经营贷款、家庭总资产这两者的比值。在模型中，家庭部门的杠杆率通过HP滤波处理，去除家庭部门杠杆率增速的趋势项，将最终的家庭部门的杠杆率波动记为 *HL*。

（3）非金融企业杠杆率。分析企业资产负债表，计算总资产、权益资本的比值，就能得到企业杠杆率。由于绝大部分金融企业负债经营，具有较高的杠杆率，如果在分析过程中纳入该指标，就会对研究结论产生误导。所以，本研究主要围绕非金融部门杠杆率进行研究。在模型中，非金融企业部门的杠杆率同样进行HP滤波处理，去除非金融企业部门杠杆率增速的趋势项，将最终的非金融企业部门的杠杆率波动记为 *NFL*。

（4）名义家庭部门消费。家庭部门消费支出既包括集体的个人消费支出，也涵盖个人和城乡居民家庭的生活消费支出。利用居民每年平均消费支出反映城乡居民生活消费水平。本书用名义家庭部门消费总量与名义GDP总量之比表示家庭部门消费支出占GDP的比例，并将该变量进行HP滤波处理，得到家庭部门消费占GDP比例的波动率，记为 *HC*。

（5）名义政府部门消费。政府部门消费指的是政府部门的社会公共服务消费支出和采取免费、低价等形式为居住居民提供货物、服务的净支出。本书用名义政府部门消费总量与名义GDP总量之比表示政府部门消费支出占GDP的比例，并将该变量进行HP滤波处理，得到政府部门消费占GDP比例的波动率，记为 *GC*。

（6）名义资本形成总额。资本形成总额指的是购置、转入和自产自用固定资产减除固定资产的转出、销售后的价值，包括有形、无形固定资本形成总额。本书在研究过程中，计算名义资本形成总额、名义GDP总量这两者的比值，对资本形成总额在GDP中所占的比重进行表示，并将该变量进行HP滤波处理，得到资本形成总额占GDP比例的波动率，记为 *C*。

（7）名义净出口量。出口总额和进口总额的差值即为净出口量，从总体层面上来看，体现了我国外贸余额地位，是衡量外贸对国民经济所产生作用的关键指标。本书用名义净出口量与名义 GDP 总量之比表示净出口占 GDP 的比例，并将该变量进行 HP 滤波处理，得到净出口占 GDP 比例的波动率，记为 *EXPORT*。

（8）贷款基准利率，即中国人民银行发布的商业银行贷款指导性利率，是央行调节社会经济和金融体系的货币政策。本书在研究过程中，在中国人民银行公布的利率中，选择一年期贷款基准利率，对其进行 HP 滤波处理，得到贷款利率的波动项，记为 *R*。

（9）通货膨胀率，即货币发行量比流通阶段的实际货币量高产生的货币贬值现象。本书采用 GDP 平减指数的对数形式反应通货膨胀率，并对其进行 HP 滤波处理，得到通货膨胀率的波动项，记为 *F*。

8.1.3 数据来源

本章选择我国 1996 年第一季度至 2018 年第四季度的数据，所有数据均经过季度调整。其中非金融企业杠杆率的数据来源为国家资产负债表研究中心的中国宏观杠杆率数据库[①]，中国贷款基准利率来源于香港环亚经济数据有限公司旗下的 CEIC 数据库[②]，其他的核心变量主要来源于上海交通大学宏观金融研究中心[③]。变量的描述性统计如表 8-1 所示。

表 8-1 变量描述性统计

变量名称	样本量	均值	标准差	最小值	最大值
GDP	92	0.089	0.006	0.079	0.098
HL	92	23.470	12.455	8.403	53.199
NFL	92	114.235	23.953	81.712	161.356
HC	92	0.405	0.040	0.354	0.470
GC	92	0.142	0.011	0.125	0.169
C	92	0.419	0.046	0.330	0.487

---

① 数据来源：中国宏观杠杆率数据库，http://114.115.232.154:8080/。

② 数据来源：CEIC 数据库，https://www.ceicdata.com/zh-hans。

③ 数据来源：上海交通大学宏观金融研究中心，http://cmf.cafr.cn/data/listpage。

续表

变量名称	样本量	均值	标准差	最小值	最大值
EXPORT	92	0.035	0.022	−0.004	0.097
R	92	0.061	0.016	0.043	0.122
F	92	−0.139	0.235	−0.451	0.215

8.2 家庭杠杆率与经济波动的实证检验

除了 2008 年金融危机期间，中国家庭部门杠杆率略有下降外，我国家庭部门的杠杆率自 2000 年起呈现持续上涨趋势。随着近年来房地产市场的发展，家庭部门贷款大多集中在住房贷款、消费贷款等方面，导致杠杆率逐年增加。尤其是 2008 年金融危机后，我国家庭部门的杠杆率水平从 2008 年底的 17.9% 一路上升到 2019 年第二季度的 55.3%，增长 2 倍有余。尽管我国家庭部门杠杆率水平逐年提升，但是与世界其他主要经济体相比，我国家庭部门杠杆率仍然处于较低水平。迅速上升的家庭部门杠杆率值得高度关注，本节以我国家庭部门杠杆率为背景，基于第 4 章到第 7 章的理论模型，研究家庭部门杠杆率与经济波动的关系。

8.2.1 实证假说

家庭部门加杠杆是一把双刃剑，有些学者认为家庭部门"加杠杆"的优势更加明显。特别是在经济增长疲软的背景下，家庭部门"加杠杆"可以为家庭部门改善生活条件，能够帮助家庭部门实现消费升级和福利水平提升，进而在宏观层面上提高资源配置效率，带动资金流向实体经济，促进经济增长（陈洋林等，2019）。然而，也有部分研究认为家庭部门"加杠杆"的弊大于利。潘敏和刘知琪（2018）研究认为，实行供给侧结构性改革时，家庭部门"加杠杆"不会直接促进消费的提升，也不会带动消费结构升级。提升家庭总收入、总资产水平，能够增加消费，促进消费结构升级。家庭部门受到杠杆的作用会加快财富的积累，使得富裕家庭财富增长速度更快，可能会导致富裕家庭越来越富裕，而贫穷的家庭越来越贫穷，从而进一步放大家庭之间的财富差距，扩大社会的不平等（吴卫星等，2016）。

从本书第 5 章理论模型中可以得到，当家庭部门扩大杠杆率时，即家庭部门从银行部门获得更多贷款时，导致企业部门获得的贷款下降，进而社会总投资水平下降，产出水平下降，导致经济波动加剧。而从本书第 7 章的数值模拟结果中可以得到，无论家庭部门杠杆扩张还是对家庭部门放松信贷约束都不能促进经济增长。而实体经济部门的杠杆扩张通过推动资产价格上升有效刺激了投资，促进经济增长，但与此同时也会积累宏观风险，加剧经济波动。基于此，本书提出如下假设：

H1：家庭部门杠杆率波动会加剧经济波动

与此同时学者研究发现，外部经济环境，如房价波动等，会对家庭部门杠杆率造成直接或间接影响。周广肃和王雅琦（2019）对中国家庭进行追踪调查，对所得到的微观数据进行处理，研究房价上升对家庭杠杆产生的影响，并探究其作用机制。研究表明，住房价格在较短时间内上升，会在一定程度上刺激家庭的投资型、必需型住房需求，使家庭的借贷意愿和风险偏好有所提高，进一步使家庭杠杆率急剧攀升。此外，房价和居民杠杆之间还存在自增强循环效应（Stein，1995；Lamont 和 Stein，1999）。盛夏等（2021）基于购房动机异质性视角，认为家庭购房的投机性动机是诱发家庭杠杆率攀升的一个重要因素。除此以外，阮健弘等（2020）研究指出，金融发展水平和老年人抚养比对居民杠杆率具有正向效应，而少年人抚养比对居民杠杆率具有负向效应；尹志超等（2021）研究发现，收入不平等能够显著提高家庭杠杆率，当收入差距提高 10%，家庭杠杆率显著提升 4.64%。基于此，本节提出经济波动对家庭部门杠杆率的影响：

H2：经济波动会造成家庭部门杠杆率的进一步提高

根据宏观经济学理论以及国内外学者的相关研究，家庭部门杠杆率会影响经济波动，除此之外，对经济波动产生影响的因素还包括经济波动滞后期、政府消费支出和居民消费支出。本书根据上述影响经济波动的变量，结合本章的研究方法，建立中国经济波动的时间序列模型。

8.2.2 模型设定与检验

8.2.2.1 模型设定

按照 8.1.1 的研究方法，本节研究非金融企业杠杆率与经济波动的实证关系，根据式（8-1）模型设定，外生变量 Y_t 包含的变量为名义 GDP、家庭部门杠杆率、名义家庭部门消费、名义政府部门消费、名义资本形成总额、名义净出口量。模型的外生变量 X_t 包括贷款基准利率和通货膨胀率。

$$Y_t = \begin{bmatrix} GDP_t \\ HL_t \\ HC_t \\ GC_t \\ C_t \\ EXPORT_t \end{bmatrix}, \quad X_t = \begin{bmatrix} R_t \\ F_t \end{bmatrix}$$

8.2.2.2 变量平稳性检验

开展实证分析前，针对各个序列，利用 ADF 方法进行平稳性检验，变量的检验结果如表 8-2 所示。

表 8-2　变量平稳性检验

变量名称	ADF 检验 (C, T, 0)	ADF 检验 (C, 0, 0)	ADF 检验 (0, 0, 0)	结论
GDP	-3.673 **	-3.695 ***	-2.375 **	平稳
HL	-3.088 *	-3.129 **	-2.113 **	平稳
HC	-5.575 ***	-5.070 ***	-2.537 **	平稳
GC	-7.141 ***	-7.024 ***	-3.317 ***	平稳
C	-6.000 ***	-6.008 ***	-3.692 ***	平稳
$EXPORT$	-5.975 ***	-5.993 ***	-3.705 ***	平稳
R	-3.722 **	-3.764 ***	-2.621 ***	平稳
F	-4.056 **	-4.033 ***	-2.416 **	平稳

注：C 表示截距项，T 表示趋势项，0 表示滞后阶数。*** 、** 、* 分别表示在 1%、5% 以及 10% 水平下的置信区间内显著。

由于所有变量均经过 HP 滤波处理，我们不再考虑其滞后项，因此我们对各变量序列分别进行三种 ADF 检验：①含截距项、趋势项，且变量的滞后阶数为 0；②含截距项，不含趋势项，变量滞后阶数为 0；③不含截距项和趋势项，且变量的滞后阶数为 0。检验结果表明，所有变量在不同的情况下，其结果均在 10% 范围内显著。因此可以判定各变量的序列是平稳的，可以进行后续 SVAR 分析。

8.2.2.3 滞后阶数的确定

利用 SVAR 模型分析变量，为更好地选择最优滞后阶数，本书开展迹检验。利用信息准则将变量滞后阶数确定下来。此处滞后阶数指的是模型中变量的个数。本书各统计标准下的最优滞后阶数结果如表 8-3 所示。

表 8-3　各统计标准下的最优滞后阶数

LAG	LL	LR	DF	FPE	AIC	HQIC	SBIC
0	1675.22	—	—	1.3e-24	-37.9368	-37.8687	-37.7679
1	1816.40	282.37	36	1.2e-25*	-40.3274*	-39.8510*	-39.1450*
2	1845.86	58.916	36	1.5e-25	-40.1787	-39.2940	-37.9828
3	1867.53	43.329	36	2.1e-25	-39.8529	-38.5599	-36.6436
4	1906.99	78.927*	36	2.0e-25	-39.9316	-38.2303	-35.7088

注：* 表示该标准下的最优滞后阶数。

表 8-3 展示了信息准则确定的变量滞后阶数分析结果。LAG 代表变量滞后阶数，LR、LL 均为统计量，DF 代表变量自由度，四种信息准则分别用 FPE、AIC、HQIC 和 SBIC 来表示。* 代表本信息准则下的最优滞后阶数。通过表 8-3 所示，本书构建的 SVAR 模型在滞后 1 阶时最优，满足四种信息准则的检验结果，因此在本模型中滞后阶数 q 取值为 1。

8.2.2.4 AR 根检验

将模型滞后阶数确定之后，进行 AR 根检验，图 8-1 为检验结果。

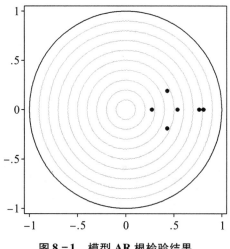

图 8-1 模型 AR 根检验结果

AR 根模的倒数均在单位圆以内，说明本书的模型是稳定的，后续的脉冲分析和方差分解的结果是可信的。

8.2.2.5 残差项检验

为了排除残差可能存在的滞后项对模型解释力的影响，本书检验模型残差滞后项，得到检验结果，见表 8-4。

表 8-4 残差滞后项检验

滞后阶数	CHI2	DF	Prob > CHI2
1	51. 7888	36	0. 04286
2	41. 0651	36	0. 25823
3	40. 5367	36	0. 27706
4	38. 1361	36	0. 37251
5	33. 0308	36	0. 61057

从表 8-4 的数据显示可见，检验拒绝了原假设，即可以说明残差不存在滞后项，这进一步提高了后续分析的可信度。

8.2.3 脉冲反应分析

在完成变量序列的平稳性检验、确定模型滞后阶数、模型 AR 根检验以及残差滞后项后，可以画出经济波动对家庭部门杠杆率影响的脉冲反应图，如图8－2所示。

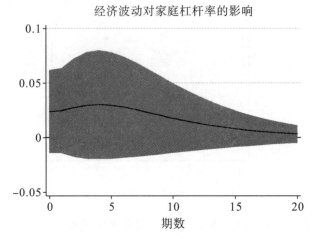

图8－2　经济波动对家庭杠杆率的影响

注：阴影部分为68%置信区间，下同。

　　本书的冲击均经过正交化处理，即控制其他因素不变的情况下，给定某个内生变量的外部冲击，对其自身和其他内生变量的影响。图8－2反映的是当受到一个标准单位经济波动冲击后，家庭部门杠杆率的动态变化情况。从图上可以看到，在面对正向的经济波动冲击时，家庭部门的杠杆率波动也呈现显著的正向变化，即经济波动程度增加时，家庭部门的杠杆率也会随之波动，即家庭部门杠杆率的波动呈现顺周期变化，这与本书第5章的相关结论保持一致。

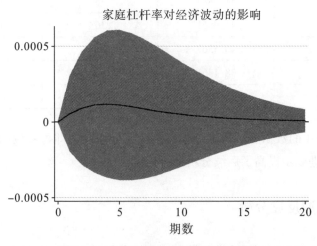

图8－3　家庭杠杆率对经济波动的影响

图 8-3 反映的是当受到一个标准差的家庭部门杠杆率变动冲击后，经济波动的动态变化情况。在图中可以看到，宏观经济同样会受到家庭部门杠杆率变动的影响，这种影响同样是顺周期的。但从图形上看，家庭杠杆率变化对经济波动的影响并不显著，可能的原因在于，由于我国居民储蓄率水平偏高，相较于企业部门和政府部门而言，家庭部门的杠杆率总体水平较低，并且与世界其他主要经济体相比，我国家庭部门杠杆率仍然处于较低水平，因此对经济波动的总体影响力和解释能力较弱。

8.2.4 方差分解

表 8-5 和表 8-6 分别给出了经济波动和家庭部门杠杆率的方差分解结果。需要注意的是，由于受到版面的限制，在进行方差分解时，本书将反应阶段调整为 10 期。与脉冲反应图中 20 期的阶段来说，10 阶段的方差分解不影响最终的结论。

从表 8-5 中可以看出，经济波动受到自身的影响最大，其次会受到进出口贸易波动的影响。进出口贸易波动最大可以解释经济波动的 28.17%，其次是资本形成总额波动，最大可以解释经济波动的 5.83%，而家庭部门杠杆率可以解释 0.22% 的经济波动，其主要原因在于我国家庭部门杠杆率仍然处于较低水平，因此对经济波动的总体影响力和解释能力较弱。

表 8-5 经济波动的方差分解 （单位:%）

期数	GDP	HL	HC	C	GC	EXPORT
1	1	0	0	0	0	0
2	89.20	0.02	0.78	2.81	0.02	7.17
3	79.55	0.05	1.32	4.57	0.02	14.49
4	73.34	0.08	1.54	5.32	0.02	19.70
5	69.59	0.12	1.60	5.60	0.01	23.08
6	67.33	0.15	1.60	5.72	0.01	25.19
7	65.95	0.17	1.59	5.77	0.01	26.51
8	65.10	0.19	1.57	5.80	0.01	27.33
9	64.57	0.21	1.56	5.81	0.01	27.85
10	64.22	0.22	1.55	5.83	0.01	28.17

表 8-6 给出了家庭部门杠杆率波动的方差分解表。从表中可以看到，家庭部门杠杆率的波动受到自身的影响最大。除此以外，进出口贸易波动对家庭部门杠杆率波动的解释力最强，最大为 3.09%，经济波动、资本形成总额波动的解释力大致相等，对家庭部门杠杆率波动的解释最大分别为 1.93% 和 1.29%。

表 8-6　家庭部门杠杆率的方差分解（单位：%）

期数	GDP	HL	HC	C	GC	EXPORT
1	0.44	99.56	0	0	0	0
2	0.55	98.47	0.02	0.43	0.03	0.50
3	0.72	97.33	0.04	0.85	0.04	1.03
4	0.92	96.39	0.05	1.11	0.05	1.49
5	1.14	95.63	0.06	1.24	0.05	1.89
6	1.35	95.02	0.07	1.29	0.05	2.22
7	1.54	94.52	0.08	1.31	0.05	2.51
8	1.70	94.12	0.08	1.31	0.05	2.74
9	1.83	93.80	0.09	1.30	0.05	2.93
10	1.93	93.55	0.09	1.29	0.05	3.09

8.3　企业杠杆率与经济波动的实证检验

正如前文分析，现阶段，我国经济的脱实向虚趋势越来越明显，在这样的形势下，在实行供给侧结构性改革时，实体部门"去杠杆"毫无疑问是重中之重（王桂虎等，2018）。这样一来，实体经济所承担的利息、债务就会明显下降，对区域性、系统性金融风险起到有效防范作用。对比其他主要经济体非金融企业部门来看，中国非金融企业部门的杠杆率处于较高水平，且依然呈现上升趋势。企业的杠杆率与宏观经济息息相关，本节以中国非金融企业杠杆率为代表，研究企业杠杆率与经济波动的关系，以期捕捉我国金融体系的脆弱环节和风险薄弱领域，为宏观经济调控政策制定者提供理论参考，可以更好地稳经济、调结构，促进"三去一降一补"等宏观经济政策目标的达成。

8.3.1　实证假说

关于非金融企业的杠杆率和宏观经济波动之间的关系，Bernanke 和 Gertler（1989，1990）指出，由于信贷市场存在一定的缺陷，金融摩擦会导致企业内外部融资的可替代性下降。一方面，一旦企业遭受负向的外部冲击，企业资产负债表在外部冲击的作用下会持续恶化，导致企业收益下降，融资成本增加，企业的资产净值下降。另一方面，随着企业资产负债表恶化，企业可获得的外部融资机会变少。此时，若企业过度依赖外部融资，信贷市场就会进一步放大冲击作用，导致企业的投资规模缩小，从而造成实体经济更大的波动。但适度的杠杆率有利于公司治理和企业创新。王玉泽等（2019）认为企业的最优杠杆率为43.01%。当企业的债务杠杆率小于该阈值，企业负债不断增加的同时，就会正向促进创新投入、产出，使得创新风险明显下降；但需要注意的是，如果企业债务杠杆率高于该安全值，企业杠杆率的提升将带来创新风险增加。根据中国社科院发布的报告，在我国，非金融企业部门杠杆率继续保持增长的趋势，2019 年6 月增加到155.7%。从国际清算银行的测算数据来看，2018 年底，我国非金融企业部门杠杆率为151.6%。经过横向对比分析，发现我国非金融企业部门杠杆率高于日本和美国；经过绝对水平对比分析，远远高于美国金融危机时期的70%，同时还高于泡沫破裂时期的日本（147.4%）。根据"金融加速器"理论以及中国杠杆率的现状，本书得到如下假设：

H3：非金融企业杠杆率波动与经济波动呈正向关系

而对于非金融企业杠杆率的影响因素，张斌等（2018）认为，传统的经济特征和政策，如货币增速和高储蓄率，无法对最近几年我国非金融企业杠杆率快速上升的原因进行解释。他们认为，在经济下行时，政府为预防经济转型时期的债务紧缩恶性循环、经济增速下降幅度过大所产生的通胀增速边际效力、真实 GDP 增速的下降，使得我国非金融企业杠杆率呈现增长趋势。王擎和孟世超（2020）研究认为，经济基本面对企业杠杆率有间接影响，经济基本面的改善能直接提高产出效率，压低杠杆率，但负债的规模和结构也会改变，并对杠杆率产生影响，且影响方向不定。本节根据前人研究的成果，提出下面的第二个假设：

H4：非金融企业杠杆率加剧经济波动

将宏观经济学理论和国内外学者的相关研究结果相结合，发现非金融企业杠杆率会影响经济波动，除此之外，还有很多因素影响经济波动，如自身滞后期、资本形成总额和居民消费支出等。本书根据上述影响经济波动的变量，建立中国经济波动的时间序列模型。

8.3.2 模型设定与检验

8.3.2.1 模型设定

根据8.1.1的研究方法，本节研究非金融企业杠杆率与经济波动的实证关系，根据式（8-1）模型设定，外生变量 Y_t 包含的变量为名义 GDP、非金融企业杠杆率、名义家庭部门消费、名义政府部门消费、名义资本形成总额、名义净出口量。模型的外生变量 X_t 包括贷款基准利率和通货膨胀率。

$$Y_t = \begin{bmatrix} GDP_t \\ NFL_t \\ HC_t \\ GC_t \\ C_t \\ EXPORT_t \end{bmatrix}, \quad X_t = \begin{bmatrix} R_t \\ F_t \end{bmatrix}$$

8.3.2.2 变量平稳性检验

在开展实证检验之前，针对不同序列，利用 ADF 方法进行平稳性检验，所得到的检验结果见表8-7。

表8-7 变量平稳性检验

变量名称	ADF 检验 $(C, T, 0)$	ADF 检验 $(C, 0, 0)$	ADF 检验 $(0, 0, 0)$	结论
GDP	-3.673 **	-3.695 ***	-2.375 **	平稳
NFL	-4.330 ***	-4.323 ***	-2.011 **	平稳
HC	-5.575 ***	-5.070 ***	-2.537 **	平稳
GC	-7.141 ***	-7.024 ***	-3.317 ***	平稳
C	-6.000 ***	-6.008 ***	-3.692 ***	平稳
EXPORT	-5.975 ***	-5.993 ***	-3.705 ***	平稳
R	-3.722 **	-3.764 ***	-2.621 ***	平稳

续表

变量名称	ADF 检验 $(C, T, 0)$	ADF 检验 $(C, 0, 0)$	ADF 检验 $(0, 0, 0)$	结论
F	-4.056 **	-4.033 ***	-2.416 **	平稳

注：C 表示截距项，T 表示趋势项，0 表示滞后阶数。*** 和 ** 分别表示在 1% 和 5% 水平下的置信区间内显著。

由于所有变量均经过 HP 滤波处理，我们不再考虑其滞后项，因此我们对各变量序列分别进行三种 ADF 检验：①含截距项、趋势项，且变量的滞后阶数为 0；②含截距项，但不含趋势项，且变量的滞后阶数为 0；③不含截距项，也不含趋势项，且变量的滞后阶数为 0。根据检验结果可知，不同情况下所有变量的结果在 5% 范围内均显著。因此可以判定各变量的序列是平稳的，可以进行后续 SVAR 分析。

8.3.2.3 滞后阶数的确定

本书为了获得 SVAR 模型的最优滞后阶数，开展迹检验。基于信息准则将变量滞后阶数确定下来，即模型中变量的个数。本书各统计标准下的最优滞后阶数结果如表 8-8 所示。

表 8-8 各统计标准下的最优滞后阶数

LAG	LL	LR	DF	FPE	AIC	HQIC	SBIC
0	1577.59	—	—	$1.6e-23$	-35.4453	-35.2412	-34.9386
1	1697	238.81	36	$2.5e-24$ *	-37.3409 *	-36.7284 *	-35.8207 *
2	1723.68	53.367 *	36	$3.1e-24$	-37.1291	-36.1084	-34.5955
3	1742.9	38.437	36	$4.7e-24$	-36.7477	-35.3187	-33.2006
4	1766.88	47.961	36	$6.6e-24$	-36.4746	-34.6372	-31.914

注：* 表示该标准下的最优滞后阶数

基于信息准则确定的变量滞后阶数分析结果见表 8-8。LAG 代表变量滞后阶数，LR、LL 均代表统计量，DF 代表变量自由度，四种信息准则分别用 FPE、AIC、HQIC、SBIC 来表示。* 表示在本信息准则下的最优滞后阶数。如表 8-8 所示，本书构建的 SVAR 模型在滞后 1 阶时最优，满足四种信息准则的检验结果，所以，本模型的滞后阶数 q 取 1。

8.2.3.4 AR 根检验

本书将模型滞后阶数确定后，进行 AR 根检验，得到检验结果，见图 8－4。

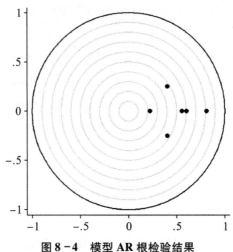

图 8－4 模型 AR 根检验结果

在图 8－4 中，AR 根模的倒数均未超出单位圆，这就意味着本书建立的模型非常稳定，后续进行方差分析、脉冲分析时，都能得到可信结果。

8.2.3.5 残差项检验

为了排除残差可能存在的滞后项对模型解释力的影响，本书检验模型残差滞后项，所得到的检验结果见表 8－9。

表 8－9 残差滞后项检验

滞后阶数	CHI2	DF	Prob > CHI2
1	37. 7969	36	0. 38717
2	40. 2572	36	0. 28735
3	31. 1426	36	0. 69876
4	36. 2432	36	0. 45731
5	33. 1559	36	0. 60459

由于本书检验的原假设是残差存在滞后项，由表 8－9 中数据可知，检验拒绝了原假设，即可以说明残差不存在滞后项。这进一步提高了后续分析的可

信度。

8.3.3　脉冲反应分析

在完成变量序列的平稳性检验、确定模型滞后阶数、模型 AR 根检验以及残差滞后项后，可以画出经济波动与非金融企业杠杆率波动之间的脉冲反应图，如图 8 - 5 所示。

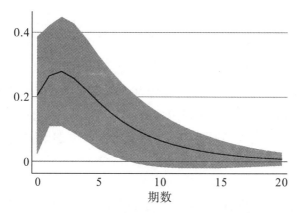

图 8 - 5　经济波动对企业杠杆的影响

本书的冲击均经过正交化处理，即控制其他因素不变的情况下，给定某个内生变量的外部冲击，对其自身和其他内生变量的影响。图 8 - 5 反映的是当受到一个标准单位经济波动冲击后，非金融企业杠杆率的动态变化情况。从图中可以看出，在面对正向的经济波动冲击时，非金融企业的杠杆率波动也呈现显著的正向变化，即经济波动程度增加时，非金融企业的杠杆率也会随之波动，杠杆率的波动呈现顺周期变化。这与 Fisher 的债务紧缩理论以及金融加速器理论的内容保持一致，即本书的假设 3 成立。

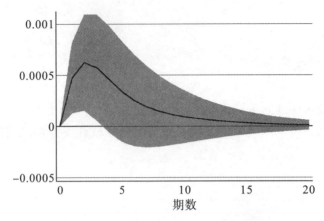

图8-6　企业杠杆对经济波动的影响

图8-6反映的是当受到一个标准差的非金融企业杠杆率变动冲击后，经济波动的动态变化情况。由图中可以看出，宏观经济同样会受到非金融企业杠杆率变动的影响，并且这种影响同样是顺周期的。这是因为当企业是经济的微观组成部分，企业的杠杆率变化影响到企业自身的经营负债情况，当企业的负债增加，拥有更多的资金投入生产，经济会呈现增长趋势；反之企业的负债收缩，会导致产出减少，同样会影响经济的进一步发展。因此，非金融企业杠杆率会加剧经济波动的波动，即本书的假设4成立。

8.3.4　方差分解

表8-10和表8-11分别给出了经济波动和非金融企业杠杆率的方差分解结果。需要注意的是，由于受到版面的限制，在进行方差分解时，本书将反应阶段调整为10期。以脉冲反应图中20期的阶段来说，10期的方差分解不影响最终的结论。

从表8-10中可以看到，经济波动受到自身的影响最大外，其次会受到非金融企业部门的杠杆率影响，非金融企业杠杆率最大可以解释经济波动的8.28%。其次是政府部门的消费波动，最大可以解释经济波动的4.44%。

表8-10　经济波动的方差分解（单位:%）

期数	GDP	NFL	HC	GC	C	EXPORT
1	1	1.38	0.32	0	0.33	0.26
2	88.22	2.81	0.79	1.11	0.27	0.31

期数	GDP	NFL	HC	GC	C	EXPORT
3	28.28	4.40	0.95	2.39	0.30	0.39
4	72.23	5.73	0.99	3.27	0.31	0.48
5	68.72	6.69	0.99	3.77	0.31	0.55
6	66.64	7.33	0.99	4.06	0.31	0.60
7	65.37	7.74	0.99	4.23	0.31	0.64
8	64.56	8.00	0.99	4.33	0.31	0.66
9	64.04	8.17	1.00	4.40	0.31	0.67
10	63.70	8.28	1.00	4.44	0.31	0.68

表 8-11 给出了非金融企业杠杆率波动的方差分解。从表中可以看出，非金融企业杠杆率的波动同样受到自身的影响最大。除此以外，对非企业金融杠杆率波动的解释力最强的是资本形成总额，最大为 11.62%；经济波动、居民消费波动、政府消费波动以及净出口波动的解释力大致相等，对非金融杠杆率波动的解释最大分别为 3.27%、3.28%、3.51 和 2.03%。

表 8-11　企业杠杆率波动的方差分解（单位:%）

期数	GDP	NFL	HC	GC	C	EXPORT
1	0	98.62	2.31	2.37	0.13	1.17
2	1.18	96.41	2.76	2.50	5.68	1.86
3	2.32	94.28	2.55	3.20	9.45	2.03
4	2.93	92.56	2.64	3.49	10.98	2.04
5	3.18	91.17	2.89	3.51	11.45	2.03
6	3.26	90.08	3.10	3.49	11.57	2.03
7	3.27	89.27	3.20	3.47	11.60	2.03
8	3.26	88.68	3.25	3.46	11.61	2.03
9	3.24	88.26	3.27	3.45	11.62	2.03
10	3.23	87.98	3.28	3.45	11.62	2.03

8.4　进一步分析

本书进一步探讨了其他内生变量的冲击对经济波动的影响，脉冲反应图如8-7所示。

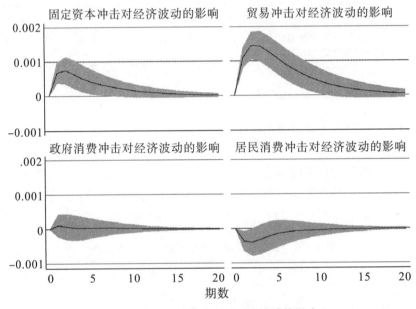

图8-7　其他变量冲击对经济波动的影响

从图中可以看出，一方面，固定资本冲击和贸易冲击对经济波动产生正向的显著影响。从纵坐标来看，贸易冲击对经济波动的影响要大于固定资本冲击对经济波动的影响，相比之下，企业杠杆率冲击对经济波动的影响则相对较小。另一方面，政府部门的消费冲击对经济波动的影响较小，且是不显著的，家庭部门的消费冲击对经济波动产生显著的负向影响，但是这种影响是短期的，影响的结果会在短期内回归到正常水平附近。

8.5　本章小结

本章利用1996年第一季度至2018年第四季度的中国宏观经济数据，通过构建SVAR模型，经过实证检验，对家庭部门杠杆率和经济波动、非金融企业杠杆率和经济波动的动态关系进行研究。根据实证结果，可以得出：①家庭部门杠杆率、经济波动这两者具有正向关系，企业部门杠杆率、经济波动这两者也形成了正向关系。也就是说，家庭部门杠杆率、企业部门杠杆率波动呈现顺周期变化。②家庭部门杠杆率变化对经济波动的影响并不显著，可能的原因在于，由于我国居民储蓄率水平偏高，相较于企业部门和政府部门而言，家庭部门的杠杆率总体水平较低，并且与世界其他主要经济体相比，我国家庭部门杠杆率仍然处于较低水平，因此对经济波动的总体影响力和解释能力较弱。③非金融企业杠杆率会加剧经济波动的波动。可能的原因在于，在经济下行时期，政府为了避免经济增速过度下滑和债务紧缩恶性循环所采取债务扩张政策会在经济结构转型特定背景下带来真实 GDP 增速和通胀增速边际效力的下降，进而导致中国非金融企业杠杆率上升。而中国的非金融企业对外部融资的依赖性高，冲击会通过信贷市场的作用被进一步放大，导致非金融企业的投资规模缩小，从而造成实体经济更大的波动。

进一步从方差分解中可以得出，进出口贸易波动对家庭部门杠杆率波动的解释力最强，最大为 3.09%，经济波动、资本形成总额波动的解释力大致相等，对家庭部门杠杆率波动的解释最大分别为 1.93% 和 1.29%。非金融企业杠杆率最大可以是经济波动的 8.28%，经济波动对非金融企业杠杆率的解释最大为 3.27%。除此以外，净出口波动、资本形成总额会正向影响经济波动，政府部门消费波动对经济波动产生了不明显的影响，在短期内家庭部门消费波动对经济波动的负向影响非常明显。

下一章将会对全书进行总结，并提出相应的政策建议。

9 结论与展望

9.1 主要结论

本书围绕我国杠杆约束问题展开研究。首先在收集大量国内外相关文献的基础上，经过归纳整理，对本书涉及的相关理论基础进行回顾；其次通过实际数据，刻画和度量了我国各部门杠杆率以及经济波动的现状，并对世界主要经济体的杠杆率和经济波动进行比较，得到相关的典型事实；再次基于杠杆约束与经济波动的基准模型，分别建立了异质性家庭部门、杠杆约束与经济波动，异质性企业部门、杠杆约束与经济波动以及两部门异质性、杠杆约束与经济波动三种不同情况下的理论模型，并分别进行参数校准、传导机制分析以及方差分解分析，得到了不同部门杠杆约束与经济波动的动态关系；最后利用1996年第一季度至2018年第四季度的中国宏观经济数据，构建了SVAR模型，分别对经济波动与家庭部门杠杆率、经济波动与非金融企业杠杆率之间的动态关系进行实证检验。本书的主要结论如下：

第一，中国杠杆率总体呈现上升趋势，但不同部门间杠杆率水平存在差异。其中，家庭部门的杠杆率水平从2008年底的17.9%一路上升到2019年第二季度的55.3%，增长2倍有余，家庭部门杠杆率的迅速上升值得高度关注，短期消费贷款依然是拉动家庭部门杠杆率上升的主要动力；政府部门杠杆率的变动幅度较小，处于平稳增长阶段；非金融企业部门杠杆率持续上升，截至2019年6月，达到155.7%，从绝对水平上来看，我国非金融企业的杠杆率高于金融危机爆发时期的美国（70%），甚至还高于泡沫破裂时期的日本（147.4%）。不断上升的中国非金融企业部门杠杆率受到多方面因素的共同作用，供需双侧紧缩将推动非金融企业部门的杠杆率水平进一步提升。

第二，中国经济近年来呈现低水平波动状态，经济总体不确定性较低。中国经济的发展仅在一些特殊时期的不确定性较高，而在大多数时期，经济的平稳性较强，尤其是在2008年金融危机后，中国经济进入新常态，经济波动水平降低，并且一直维持在较低的波动水平。目前中国经济已处于低增速、低波动的新常态模式，就过去20年的发展经验来看，短期内中国经济出现大起大落的可能性较低。

第三，以银行为代表的金融机构会通过杠杆作用放大经济波动。研究发现，经济体的衰退是由银行遭受的损失引发的，并且这种衰退会由于银行无法将信贷提供给实体部门而加剧。当银行持有的资本金低于监管要求时，其损失会要求通过注资或去杠杆化等方式进行弥补。通过去杠杆化，银行将最初的冲击转化为信贷约束，通过对企业部门放贷的方式进一步将冲击放大并扩散到实体经济中。银行的金融摩擦放大了影响银行净资产的冲击，银行的资本约束限制了可以转化为投资品的储蓄额，因此会进一步放大对实体经济的影响。

第四，实体经济部门杠杆扩张能够促进经济增长，但会加剧经济波动。本书建立了异质性条件下，部门杠杆约束与经济波动的关系。利用信贷约束机制、抵押物约束机制对杠杆扩张、收缩时期的经济波动效益及所产生的冲击传导机制进行刻画，围绕不同部门杠杆约束和宏观经济波动的内在联系进行研究。根据脉冲反应结果可知，无论家庭部门杠杆扩张还是对家庭部门放松信贷约束，都不能促进经济增长。这是因为家庭部门获得银行的信贷资金后，会通过提高消费支出的方式，使得进入家庭部门的资金没有流向实体经济部门，造成社会总投资下降，因此总产出也会下降。而实体经济部门的杠杆扩张通过推动资产价格上升可有效地刺激投资，促进经济增长，但与此同时也会积累宏观风险，加剧经济波动。

第五，家庭部门和非金融企业部门的杠杆率与经济波动呈现顺周期性变化，并且企业杠杆率的变化会进一步加剧经济波动。本书利用1996年第一季度至2018年第四季度的中国宏观经济数据，通过构建SVAR模型，分别对经济波动与家庭部门杠杆率、经济波动与非金融企业杠杆率之间的动态关系进行实证检验。实证结果表明：①家庭部门和非金融企业部门的杠杆率与经济波动呈现顺周期性变化。②家庭部门杠杆率变化对经济波动的影响并不显著，可能的原因在于：由于我国居民储蓄率水平偏高，相较于企业部门和政府部门而言，家庭部门的杠杆率总体水平较低，并且与世界其他主要经济体相比，我国家庭部门杠杆率仍然处于较低水平，因此对经济波动的总体影响力和解释能力较弱。③非金融企业杠杆率变动会加剧经济波动。可能的原因在于，在经济下行时期，政府为了避免经济增速过度下滑和债务紧缩恶性循环所采取的债务扩张政策会在经济结构转型特定背景下带来真实 GDP 增速和通胀增速边际效力的下降，进而导致中国非金融企业杠杆率上升。而我国的非金融企业对外部融资的依赖性高，借贷约束冲击会在信贷市场的作用下被进一步放大，导致非金融企业的投资规模缩小，从而造成实体经济出现更大的波动。

9.2 主要建议

根据上述研究结论，结合我国当前宏观经济运行现状，提出如下政策建议以供参考。

第一，稳定经济增长，调控家庭部门杠杆。尽管从纵向来看，我国家庭部门的杠杆率水平在国际上处于较低水平，还存在加杠杆的空间，但是随着近年来房地产市场的发展，我国家庭部门贷款大多集中在住房贷款、消费贷款等方面，杠杆率逐年增加，尤其是 2008 年金融危机后，家庭部门的杠杆率水平从 2008 年底的 17.9% 一路上升到 2019 年第二季度的 55.3%，增长 2 倍有余，迅速上升的家庭部门杠杆率值得高度关注。《2018 中国城市家庭财富健康报告》由西南财经大学、广发银行共同发布①。该报告表明，在我国，城市家庭的财富管理水平相对较低，不及格家庭所占比例在 40% 左右。绝大部分家庭倾向于房地产配置，对家庭资产产生了挤压作用，住房资产在家庭总资产中的比例为 77.7%，明显超过美国的 34.6%；金融资产所占比例只有 11.8%，远远低于美国的 42.6%。由于房地产比例较高，过度吸收家庭的流动性，对家庭金融资产配置的挤压作用非常明显，如果房地产市场出现价格降低的趋势，就会严重影响家庭财富水平。若增加中低收入群体的杠杆，就会导致整个家庭部门风险大大增加，使得家庭部门杠杆率水平明显增加。若经济增长速度面临下行压力，家庭部门收入就会受到影响，同时还会影响家庭部门就业。所以，家庭部门加杠杆会在一定程度上对宏观经济的降杠杆产生限制，对居民家庭资产结构进行合理引导，通过结构调整和优化，家庭部门收益极有可能明显增加，而且所面临的风险会大大降低，实现藏富于民。

---

① 广发银行、西南财经大学：《2018 中国城市家庭财富健康报告》，http://f. sinaimg. cn/finance/c0aed5f3/20190117/2018ZhongGuoChengShiJiaTingCaiFuJianKangBaoGao. pdf。

第二，强化金融监管，控制金融部门杠杆。本书研究发现，经济体的衰退是由银行遭受的损失引发的，并且这种衰退会由于银行无法将信贷提供给实体部门而加剧，即以银行为代表的金融机构会通过杠杆作用放大经济波动。根据国家资产负债表研究中心的数据，截至 2019 年 6 月，金融部门的杠杆率水平不到 60%，尽管较 2016 年有所下降，但其中的风险依然值得关注，金融部门的杠杆依然需要进一步控制。中央实行供给侧改革，去杠杆时增加金融部门的作用，从日本对银行体系产生严重依赖所引起的过低配置金融资源事件中吸取教训，避免发生类似事件。控制金融部门杠杆，一是优化金融结构，实现产业转型升级。对多层次资本市场进行调整和改善，优化金融结构，促进信贷产品变为证券化产品，使得金融资源配置效率明显提升。二是要严厉管控金融部门影子银行规模快速扩张。影子银行规模的扩张是我国杠杆风险集聚的主要驱动因素之一，在"刚性兑付"下，影子银行的高杠杆率会加剧银行的风险承担。因此，加强影子银行的监管是控制金融部门杠杆的核心。三是利用资本市场快速化解落后产能。对产能过剩企业进行调整和优化时，应充分发挥落后产能的作用，通过资本市场交易、产权定价功能，帮助企业获得更多并购融资渠道，使得投资效率大大提升。四是提倡金融行业加大创新力度。金融创新对风险只能起到分散作用，不能起到消除作用，创新发展结构化金融产品，有利于更好地盘活资产，减少企业的流动风险，避免出现债务违约事件。

第三，精准施策，降低非金融企业部门杠杆。近年来，我国非金融企业部门杠杆率呈现出明显的增长趋势。国际清算银行（BIS）对中国非金融企业部门杠杆率进行测算，2018 年底为 151.60%。中国科学院发布的报告显示，中国非金融企业部门杠杆率在 2019 年 6 月为 155.7%。横向对比分析发现，我国非金融企业部门杠杆率高于日本和美国；绝对水平对比分析发现，我国非金融企业杠杆率比日本泡沫破裂时期（147.4%）高，远远高于美国爆发金融危机时的杠杆率（70%）。所以，亟须推动非金融企业的去杠杆化。由于中国非金融企业部门的背景、规模等因素错综复杂，去杠杆政策不能一概而论，应精准施策。以国有企业为例，监管部门应该以企业杠杆率为重点考核指标，对国有企业的负债进行宏观审慎管理。此外，虽然我国经历了大量的国有企业改革，国有经济布局取得了一些进展和成效，但是学术界和实业界的广泛共识仍然表明国有企业的效率相对不足，因此在去杠杆化过程中，国有企业应该基于发展实际退出一般竞争性领域，适当放弃产能过剩领域，在国有企业的改革中，提倡鼓励民营企业积极参与，使得国有企业的杠杆明显下降。而对于民营企业而言，由于利润是企业关注的重点，因此民营企业往往存在投资冲动的行为，对产能过剩行业的民营企业而言，相关部门在银行借贷、债券发行、股票上市等融资渠道设置严格的限制条件。此外，还要进一步发展和完善中国的股权融资市场，健全企业融资渠道，避免企业过度依赖债券融资导致杠杆率持续上升。最后，相关部门还应立足资产端，达到去产能、去库存的效果。消除无效供给，完善市场机制，对产销资源进行合理配置，提升企业生产效率，在实行供给侧结构性改革的同时，达到企业负债端去杠杆的目的。

第四，优化政府负债管理，稳定政府部门杠杆。根据《2019 年二季度中国杠杆率报告》，可知 2019 年第二季度中国政府杠杆率继续上升，政府总杠杆率从 2019 年第一季度末的 37.7% 升至 38.5%，上升 0.8 个百分点，上半年共上升 1.5 个百分点。相比较于德国、日本和美国政府部门杠杆率水平，我国政府的杠杆率目前仍处于较低水平。中国政府杠杆率的上升主要源于地方政府杠杆率，其从 2018 年末的 20.4% 上升至 2019 年第二季度末的 22.0%，半年累计上升 1.6 个百分点，而中央政府杠杆率在此期间微降 0.04 个百分点。因此在政府部门的去杠杆化进程中，应采取稳中择优的策略，一是稳定政府部门的杠杆率，对地方政府债务加强管理，在财政上始终坚持可持续发展原则，在考核地方政府和设置问责体系时，将债务管理纳入进去，稳定地方政府的杠杆率；二是对政府负债管理进行优化，使得存量地方政府债务置换效率增加，从而降低地方政府流动性风险；三是评估政府债务风险，根据实际情况对预警机制进行设置，对风险较高地区的债务风险进行动态监测，并报告上级部门进行监控。

第五，防患于未然，建立杠杆监控预警机制。一方面，结合我国国情建立杠杆率风险评估体系。在杠杆风险的识别、衡量、防范和化解方面，需要不断提高杠杆风险评估体系的科学性和完整性。当前，我国市场出现了一些风险评级机构，也建立了一些风险评级指标体系，但在监管杠杆率方面仍存在较大的缺陷，专业水平有待提升，客观性、公正性和独立性无法得到保障。所以，为更好地建立健全杠杆率风险评估体系，在学习国外优秀经验的同时，应该针对不同部门设置杠杆率风险预警指标，避免出现风险恶化的现象。另一方面，构建具有安全性及及时性的杠杆预警信息系统。当前，我国现有市场统计指标已相对完善，但指标大多集中于描述市场总体概况，对杠杆风险的监测和预警、结构化分析等仅发挥了有限的作用。所以，应该基于已有统计体系持续增加市场总体风险指标和金融机构风险指标，不断丰富和完善市场统计指标体系，从信息层面为更好地监测、预警风险提供支撑。杠杆率风险预警机制的建立能够有效避免局部风险转化为系统性风险，是当前促进我国经济持续、稳定、健康发展的政策选择。

9.3 后续研究展望

中国的杠杆率问题，在今后一段时间内仍将是经济发展中不能忽视的问题。不同部门之间的杠杆率变化对宏观经济波动产生的影响也值得深入探讨。本书基于中国宏观经济背景，通过构建 DSGE 模型和 SVAR 模型相结合的方式对该问题进行了理论和实证两方面的分析和探索。但是这种探索还处于萌芽状态，需要在未来进行深入的研究和分析。

第一，本书的模型可以进一步拓展和丰富。本书没有考虑政府部门，也没有考虑货币政策在经济体中的作用，将各部门的杠杆扩张和信贷约束的放松简单地作为外生冲击，不能反映相关政策的实际效果。并且本书也没有进行政策评估和福利分析，因此在未来的研究中，应该进一步拓展该方面的研究，使研究结果更加贴近社会现实。尽管至今仍然没有一种模型能够为内生性的经济和金融运行提供一个逻辑结构一致、理论基础完善的统一分析框架，很多理论层面的深层次问题依旧困扰着学术界。但是在未来的研究工作中仍然可以通过进一步拓展和完善相关模型，得到更具解释力的理论框架。

第二，在模型中继续深入研究杠杆风险问题。杠杆具有双面性，杠杆用得好，有利于经济主体提升融资能力，增强资金配置效率，促进经济平稳较快发展；如果杠杆使用不当，则可能加剧风险集聚，导致经济泡沫，甚至会引发债务危机。那么，在模型中如何体现杠杆的阈值，能否建立杠杆的风险预警系统，不同部门之间杠杆的风险预警系统是否具有内在关联，如何从政府、居民、企业和金融机构等四个层面定量确定杠杆风险预警系统的指标设计，并进行实证分析，需要在今后的研究中进一步完善。

第三，受到数据的限制，本书在进行参数校准的时候引用和参考现有的研究成果，部分数据还参考了 Iacoviello 的研究，这些参数的设定不能完全反映中国经济发展的实际情况。因此在后续的研究中，要试图挖掘相关数据，采用更加科学有效的手段估计参数值，使模型的设定和参数的取值都符合中国经济发展的实际情况，使得研究结果更加适用于中国国情。

参考文献

巴曙松, 2012. 中国银行业实施巴塞尔Ⅲ的优势与挑战 [J]. 金融电子化 (7): 9－14＋6.

陈斌开, 李涛, 2011. 中国城镇居民家庭资产——负债现状与成因研究 [J]. 经济研究, 46 (S1): 55－66＋79.

陈乐一, 刘新新, 杨云, 2018. 信贷摩擦对经济波动的影响 [J]. 贵州社会科学 (5): 98－104.

陈晓光, 张宇麟, 2010. 信贷约束、政府消费与中国实际经济周期 [J]. 经济研究, 45 (12): 48－59.

陈洋林, 张学勇, 李波, 2019. 家庭加杠杆的资产配置效应研究 [J]. 中央财经大学学报 (3): 23－34.

崔光灿, 2006. 资产价格、金融加速器与经济稳定 [J]. 世界经济 (11): 59－69＋96.

董小君, 2017. 我国杠杆率水平、系统性风险与政策体系设计 [J]. 理论探索 (2): 5－15.

杜清源, 龚六堂, 2005. 带"金融加速器"的 RBC 模型 [J]. 金融研究 (4): 16－30.

高爱武, 2018. 企业杠杆率结构性分析 [J]. 中国金融 (1): 62－63.

高然, 陈忱, 曾辉, 等, 2018. 信贷约束、影子银行与货币政策传导 [J]. 经济研究, 53 (12): 68－82.

高善文, 2017. 企业部门去杠杆的进展——来自资产周转率的视角 [J]. 新金融评论 (1): 96－103.

郭婧，马光荣，2019. 宏观经济稳定与国有经济投资：作用机理与实证检验 [J]. 管理世界，35（9）：49 - 64 + 199.

韩国高，胡文明，2016. 宏观经济不确定性、企业家信心与固定资产投资——基于我国省际动态面板数据的系统 GMM 方法 [J]. 财经科学（3）：79 - 89.

韩周瑜，陈少炜，2017. 中国银行系统风险影响因素的实证 [J]. 统计与决策（20）：154 - 157.

何南，2013. 基于 VECM 的中国家庭债务与消费波动：1997—2011 年 [J]. 经济学动态（7）：65 - 69.

何山，彭俞超，2019. 银行业杠杆率与经济增长 [J]. 国际金融研究（12）：53 - 62.

贺力平，谈俊，2016. 债务率与经济周期的关系 [J]. 金融论坛，21（11）：3 - 11 + 41.

胡育蓉，齐结斌，楼东玮，2019. 企业杠杆率动态调整效应与"去杠杆"路径选择 [J]. 经济评论（2）：88 - 100.

黄海波，汪翀，汪晶，2012. 杠杆率新规对商业银行行为的影响研究 [J]. 国际金融研究（7）：68 - 74.

黄速建，余菁，2006. 国有企业的性质、目标与社会责任 [J]. 中国工业经济（2）：68 - 76.

纪敏，严宝玉，李宏瑾，2017. 杠杆率结构、水平和金融稳定——理论分析框架和中国经验 [J]. 金融研究（2）：15 - 29.

康立，龚六堂，2014. 金融摩擦、银行净资产与国际经济危机传导——基于多部门 DSGE 模型分析 [J]. 经济研究，49（5）：147 - 159.

李炳，袁威，2015. 货币信贷结构对宏观经济的机理性影响——兼对"中国货币迷失之谜"的再解释 [J]. 金融研究，425（11）：33 - 46.

李程，刘天生，祝诗梦，2018. 中国杠杆率合理波动区间测度 [J]. 统计研究，35（3）：38 - 51.

李华民，任玎，吴非，等，2020. 供给侧改革背景下利率市场化驱动企业去杠杆研究 [J]. 经济经纬，37（1）：150 - 158.

李娟娟，赵景峰，湛爽，2015. 马克思经济周期理论与中国经济新常态 [J]. 经济学家（9）：5 - 10.

李若愚，2016. 居民部门杠杆率的国际比较与启示 [J]. 金融与经济（1）：23 - 27.

李世辉,雷新途,2008. 两类代理成本、债务治理及其可观测绩效的研究——来自我国中小上市公司的经验证据 [J]. 会计研究 (5):30-37.

李雪林,唐青生,2018. 微观金融杠杆率测算及合理波动阈值测度——基于我国农村地区存款类金融机构的农村金融视角 [J]. 西南民族大学学报 (人文社科版),39 (10):108-115.

李扬,张晓晶,常欣,等,2012. 中国主权资产负债表及其风险评估 (上) [J]. 经济研究,47 (6):4-19.

梁斯,郭红玉,2017. 货币政策、商业银行杠杆与系统性金融风险 [J]. 学术论坛,40 (4):92-99.

林东杰,崔小勇,龚六堂,2019. 货币政策、消费品和投资品通货膨胀——基于金融加速器视角 [J]. 金融研究 (3):18-36.

林毅夫,李志赟,2004. 政策性负担、道德风险与预算软约束 [J]. 经济研究 (2):17-27.

刘丽娟,江红莉,2020. 基于 MS-VAR 模型的居民杠杆率与系统性金融风险动态关联研究 [J]. 武汉金融 (2):27-33.

刘莉亚,刘冲,陈垠帆,等,2019. 僵尸企业与货币政策降杠杆 [J]. 经济研究 (9):73-89.

刘青云,2015. 我国商业银行杠杆顺周期效应研究 [J]. 财经问题研究 (5):69-74.

刘瑞明,石磊,2010. 国有企业的双重效率损失与经济增长 [J]. 经济研究,45 (1):127-137.

刘书祥,吴昊天,2013. 货币政策冲击与银行信贷行为的差异——基于银行信贷渠道理论的一种解释 [J]. 宏观经济研究 (9):46-56.

刘喜和,周扬,穆圆媛,2017. 企业去杠杆与家庭加杠杆的资产负债再平衡路径研究——基于股票市场的视角 [J]. 南开经济研究 (3):111-126.

刘向耘,牛慕鸿,杨娉,2009. 中国居民资产负债表分析 [J]. 金融研究 (10):107-117.

刘哲希,李子昂,2018. 结构性去杠杆进程中居民部门可以加杠杆吗?[J]. 中国工业经济 (10):42-60.

卢二坡,曾五一,2008. 转型期中国经济短期波动对长期增长影响的实证研究 [J]. 管理世界 (12):10-23+187.

陆正飞,杨德明,2011. 商业信用:替代性融资,还是买方市场?[J]. 管理世界，4（6）：6 - 13.

马家进，2018. 金融摩擦、企业异质性和中国经济波动［D］. 杭州：浙江大学.

马勇，陈雨露，2017. 金融杠杆、杠杆波动与经济增长［J］. 经济研究，52（6）：31 - 45.

牛慕鸿，纪敏，2013. 中国的杠杆率及其风险［J］. 中国金融（14）：55 - 57.

潘敏，刘知琪，2018. 居民家庭"加杠杆"能促进消费吗？——来自中国家庭微观调查的经验证据［J］. 金融研究（4）：71 - 87.

饶品贵，姜国华，2013. 货币政策对银行信贷与商业信用互动关系影响研究术［J］. 经济研究（1）：68 - 82.

阮健弘，刘西，叶欢，2020. 我国居民杠杆率现状及影响因素研究［J］. 金融研究（8）：18 - 33.

盛夏，王擎，王慧，2021. 房价升高促使中国家庭更多地"加杠杆"吗？——基于购房动机异质性视角的研究［J］. 财贸经济（1）：62 - 76.

石晓军，李杰，2009. 商业信用与银行借款的替代关系及其反周期性：1998—2006 年［J］. 财经研究，35（3）：4 - 15.

宋国青，2014. 利率是车，汇率是马［M］. 北京：北京大学出版社.

孙晓华，李明珊，2016. 国有企业的过度投资及其效率损失［J］. 中国工业经济（10）：109 - 125.

谭语嫣，谭之博，黄益平，等，2017. 僵尸企业的投资挤出效应：基于中国工业企业的证据［J］. 经济研究（5）：175 - 188.

田新民，夏诗园，2016. 中国家庭债务、消费与经济增长的实证研究［J］. 宏观经济研究（1）：121 - 129.

仝冰，2017. 混频数据、投资冲击与中国宏观经济波动［J］. 经济研究，52（6）：60 - 76.

汪伟，郭新强，艾春荣，2013. 融资约束、劳动收入份额下降与中国低消费［J］. 经济研究，48（11）：100 - 113.

汪勇，马新彬，周俊仰，2018. 货币政策与异质性企业杠杆率——基于纵向产业结构的视角［J］. 金融研究（5）：47 - 64.

王爱俭，杜强，2017. 经济发展中金融杠杆的门槛效应分析——基于跨国面板数据的实证研究［J］. 金融评论，9（5）：18 - 27 + 123.

王飞，李雅楠，刘文栋，2013. 杠杆率顺周期性及其对银行资产负债表的影响——基于我国 161 家银行的实证分析 [J]. 上海金融 (10)：33 - 40.

王桂虎，郭金龙，2018. 中国非金融企业杠杆率的异质性估算、未来情景模拟
及实证研究 [J]. 经济经纬，35（06）：158 - 164.

王国刚，2017. "去杠杆"：范畴界定、操作重心和可选之策 [J]. 经济学动态
（7）：16 - 25.

王虎邦，2018. 中国宏观杠杆率的经济增长效应研究 [D]. 长春：吉林大学.

王君斌，王文甫，2010. 非完全竞争市场、技术冲击和中国劳动就业——动态
新凯恩斯主义视角 [J]. 管理世界（1）：23 - 35 + 43.

王倩，赵铮，2018. 同业融资视角下的商业银行杠杆顺周期性 [J]. 金融研究
（10）：89 - 105.

王擎，孟世超，2020. 中国企业杠杆率周期演变机制探析 [J]. 中国工业经济
（1）：62 - 80.

王韧，李志伟，2019. 金融加速器效应与"杠杆率悖论"——基于制造业部门
的实证研究 [J]. 上海财经大学学报，21（6）：35 - 49.

王玉泽，罗能生，刘文彬，2019. 什么样的杠杆率有利于企业创新 [J]. 中国工
业经济（3）：138 - 155.

王云清，朱启贵，谈正达，2013. 中国房地产市场波动研究——基于贝叶斯估
计的两部门 DSGE 模型 [J]. 金融研究（3）：101 - 113.

魏玮，陈杰，2017. 加杠杆是否一定会成为房价上涨的助推器？——来自省际
面板门槛模型的证据 [J]. 金融研究（12）：48 - 63.

吴国平，2015. 中国商业银行杠杆率的顺周期性分析 [J]. 金融论坛（6）：
29 - 36.

吴建銮，赵春艳，南士敬，2019. 部门杠杆与中国经济波动——基于 DSGE 模型
的研究 [J]. 商业研究（9）：52 - 61.

吴卫星，邵旭方，陶利斌，2016. 家庭财富不平等会自我放大吗？——基于家
庭财务杠杆的分析 [J]. 管理世界（9）：44 - 54.

吴卫星，徐芊，白晓辉，2013. 中国居民家庭负债决策的群体差异比较研究
[J]. 财经研究，39（3）：19 - 29 + 86.

吴延兵，2012. 国有企业双重效率损失研究 [J]. 经济研究，47（3）：15 - 27.

夏小文，2017. 中国杠杆率的特征事实、成因及对策 [J]. 经济学家（11）：
21 - 27.

项后军，陈简豪，杨华，2015. 银行杠杆的顺周期行为与流动性关系问题研究

[J]. 数量经济技术经济研究（8）：57-72.

邢天才，张梦，2018. 经济波动、金融摩擦与固定资产投资——来自中国地级市样本的证据 [J]. 金融论坛，23（12）：10-20.

徐传平，2016. 杠杆率管理框架：理论与应用 [D]. 北京：中国人民大学.

易宪容，2015. 经济新常态下央行货币政策应去杠杆 [J]. 新金融（1）：22-26.

叶青，叶闽慎，2013. 中国企业社会责任比较研究 [J]. 统计研究，30（6）：104-105.

尹志超，李青蔚，张诚，2021. 收入不平等对家庭杠杆率的影响 [J]. 财贸经济，42（1），77-91.

于博，2017. 技术创新推动企业去杠杆了吗？——影响机理与加速机制 [J]. 财经研究，43（11）：113-127.

袁利勇，2018. 我国经济杠杆的周期及其调整问题研究 [D]. 泉州：华侨大学.

张斌，何晓贝，邓欢，2018. 不一样的杠杆——从国际比较看杠杆上升的现象、原因与影响 [J]. 金融研究（2）：15-29.

张军，2002. 资本形成、工业化与经济增长：中国的转轨特征 [J]. 经济研究（6）：3-13+93.

张李登，唐齐鸣，张誉航，2019. 房价波动、住房信贷与宏观审慎政策 [J]. 中国管理科学，27（6）：1-9.

张睿锋，2009. 杠杆比率、资产价格泡沫和银行信贷风险 [J]. 上海金融（9）：15-17.

张天华，张少华，2016. 偏向性政策、资源配置与国有企业效率 [J]. 经济研究，51（2）：126-139.

张晓晶，常欣，刘磊，2018. 结构性去杠杆：进程、逻辑与前景——中国去杠杆2017年度报告 [J]. 经济学动态（5）：16-29.

张宇，2016. 论公有制与市场经济的有机结合 [J]. 经济研究，51（6）：4-16.

郑嘉伟，2016. 杠杆率的宏观经济效应研究 [D]. 北京：中共中央党校.

中国人民银行杠杆率研究课题组，2014. 中国经济杠杆率水平评估及潜在风险研究 [J]. 金融监管研究（5）：23-38.

中国人民银行营业管理部课题组，2017. 预算软约束、融资溢价与杠杆率——

供给侧结构性改革的微观机理与经济效应研究［J］. 经济研究, 52 (10):
53 - 66.

周菲, 赵亮, 尹雷, 2019. 去杠杆的路径选择: 财政去杠杆还是金融去杠
杆? ——基于企业部门的分析［J］. 财政研究 (2): 75 - 90.

周广肃, 王雅琦, 2019. 住房价格、房屋购买与中国家庭杠杆率［J］. 金融研
究 (6): 1 - 19.

朱澄, 2016. 金融杠杆水平的适度性研究［M］. 北京: 中国金融出版社.

朱凯, 2019. 中国金融部门杠杆周期分析——基于 1998—2018 年的数据证明
［J］. 财经理论与实践, 40 (4): 9 - 15.

朱奎, 2010. 马克思经济周期理论: 一个现代阐释［J］. 马克思主义研究 (7):
31 - 36 + 159.

朱映惠, 2017. 实体企业金融投资与宏观经济波动——基于金融投资收益持续
上升的视角［J］. 金融论坛, 22 (5): 12 - 23.

AI H, LI K, YANG F, 2015. Financial intermediation and capital misallocation.
University of Minnesota Working Paper ［EB/OL］, https://www.
semanticscholar. org/paper/Financial － Intermediation － and － Capital －
Misallocation － Ai － Li/664c76ea7ff25d8080315b218690bc5d64a8d4e9.

ALADANGADY A, 2017. Housing wealth and consumption: evidence from
geographically linked microdata ［J］. American economic review, 107 (11):
3415 - 3446.

ARCAND J L, BERKES E, PANIZZA U, 2015. Too much finance? ［J］. Journal
of economic growth, 20 (2): 105 - 148.

AVGOULEAS E, 2015. Bank leverage ratios and financial stability: a micro － and
macroprudential perspective ［Z/OL］. Levy Economics Institute of Bard College
Working Paper (849), https://www. econstor. eu/handle/10419/146977

BAILEY W, HUANG W, YANG Z S, 2011. Bank loans with Chinese
characteristics: some evidence on inside debt in a state － controlled banking system
［J］. Journal of financial and quantitative analysis: 1795 - 1830.

BECKER R A, 1980. On the long － run steady state in a simple dynamic model of
equilibrium with heterogeneous households ［J］. The quarterly journal of
economics, 95 (2): 375 - 382.

BENCIVELLI L, ZAGHINI A, 2012. Financial innovation, macroeconomic volatility and the great moderation [J]. Modern economy, 3 (5): 542 – 552.

BERGER D, GUERRIERI V, LORENZONI G, et al, 2017. House prices and consumer spending [J]. Review of economic studies, 85 (3): 1502 – 1542.

BERNANKE B S, BLINDER A S, 1988. Is it money or credit, or both, or neither? [J]. American economic review, 78 (2): 435 – 439.

BERNANKE B S, GERTLER M, 1995. Inside the black box: the credit channel of monetary policy transmission [J]. Journal of economic perspectives, 9 (4): 27 – 48.

BERNANKE B S, GERTLER M, GILCHRIST S, 1996. The financial accelerator and the flight to quality [J]. Review of economics and statistics, 78 (1): 1 – 15.

BERNANKE B S, GERTLER M, 1990. Financial fragility and economic performance. Quarterly journal of economics, 105 (1): 87 – 114.

BRANDT L, VAN BIESEBROECK J, ZHANG Y F, 2012. Creative accounting or creative destruction? Firm – level productivity growth in Chinese manufacturing [J]. Journal of Development Economics, 97 (2): 339 – 351.

BRANDT L, ZHU X D, 2000. Redistribution in a decentralized economy: growth and inflation in China under reform. Journal of political economy, 108 (2): 422 – 439.

BRUNNERMEIER M K, SANNIKOV Y, 2014. A macroeconomic model with a financial sector [J]. American economic review, 104 (2): 379 – 421.

BRUNNERMEIER M K, SANNIKOV Y, 2016. The I theory of money [Z/OL]. National bureau of economic research working paper (22533), https://www.nber. org/papers/w22533.

CAMPBELL J Y, COCCO J F, 2007. How do house prices affect consumption? Evidence from micro data [J]. Journal of monetary economics, 54 (3): 591 – 621.

CECCHETTI S G, KHARROUBI E, 2012. Reassessing the impact of finance on growth [Z/OL]. BIS working papers (381), https://www.bis. org/publ/work381. pdf

CERRA V, SAXENA S C, 2008. Growth dynamics: the myth of economic recovery [J]. American economic review, 98 (1): 439 – 57.

CÉSPEDES L F, CHANG R, VELASCO A, 2004. Balance sheets and exchange rate policy [J]. American economic review, 94 (4): 1183 - 1193.

CHANG C, CHEN K J, WAGGONER D F, et al, 2016. Trends and cycles in China's macroeconomy [J]. NBER macroeconomics annual, 30 (1): 1 - 84.

CHEN K J, SONG Z, 2013. Financial frictions on capital allocation: a transmission mechanism of TFP fluctuations [J]. Journal of monetary economics, 60 (6): 683 - 703.

CHEN T, LIU L X, XIONG W, et al, 2016. The speculation channel and crowding out channel: real estate shocks and corporate investment in China [J/OL]. Peking University Working Paper, http://cfrc. pbcsf. tsinghua. edu. cn/Public/Uploads/paper/day_ 160316/20160316105448262. pdf.

CORICELLI F, DRIFFIELD N, PAL S, et al, 2012. When does leverage hurt productivity growth? A firm - level analysis [J]. Journal of international money and finance, 31 (6): 1674 - 1694.

DABLA - NORRIS E, SRIVISAL N, 2013. Revisiting the link between finance and macroeconomic volatility [J/OL]. IMF working paper (13 - 29), https://www. imf. org/en/Publications/WP/Issues/2016/12/31/Revisiting - the - Link - Between - Finance - and - Macroeconomic - Volatility - 40284.

DOLLAR D, WEI S J, 2007. Das (wasted) kapital: firm ownership and investment efficiency in China [Z]. National bureau of economic research. No. 13103.

DREHMANN M, JUSELIUS M, KORINEK A, 2017. Accounting for debt service: the painful legacy of credit booms [J/OL]. Bank of finland research discussion paper (12), https://ssrn. com/abstract = 2993859.

DREHMANN M, JUSELIUS M, 2014. Evaluating early warning indicators of banking crises: satisfying policy requirements [J]. International journal of forecasting, 30 (3): 759 - 780.

FISHER I, 1933. The debt-deflation theory of great depressions [J]. Econometrica: journal of the econometric society, 1 (4): 337 - 357.

FOSTEL A, GEANAKOPLOS J, 2008. Leverage cycles and the anxious economy [J]. American economic review, 98 (4): 1211 - 1244.

FOSTEL A, GEANAKOPLOS J, 2013. Reviewing the leverage cycle [J/OL]. Cowles foundation discussion paper (1918), https://ssrn. com/abstract

= 2330422.

GEANAKOPLOS J, 2010. The leverage cycle [J]. NBER macroeconomics annual, 24 (1): 1 - 66.

GELOS R G, WERNER A M, 2002. Financial liberalization, credit constraints, and collateral: investment in the Mexican manufacturing sector [J]. Journal of development economics, 67 (1): 1 - 27.

GERTLER M, BERNANKE B S, 1989. Agency costs, net worth and business fluctuations [J]. American economic review, 79 (1): 14 - 31.

GERTLER M, GILCHRIST S, NATALUCCI F M, 2007. External constraints on monetary policy and the financial accelerator [J]. Journal of money, credit and banking, 39 (2 - 3): 295 - 330.

GERTLER M, GILCHRIST S, 1994. Monetary policy, business cycles, and the behavior of small manufacturing firms [J]. Quarterly journal of economics, 109 (2): 309 - 340.

GERTLER P, HOFMANN B, 2018. Monetary facts revisited [J]. Journal of international money and finance, 86: 154 - 170.

GIROUD X, MUELLER H M, 2018. Firm leverage and regional business cycles [J/OL]. NBER working paper, No. 25325, https://www. nber. org/ papers/w25325.

HALL R E, 2011. The long slump [J]. American economic review, 101 (2): 431 - 469.

HIGGINS P C, ZHA T, 2015. China's macroeconomic time series: methods and implications [Z]. Unpublished Manuscript, Federal Reserve Bank of Atlanta.

HSIEH C T, KLENOW P J, 2009. Misallocation and manufacturing TFP in China and India [J]. Quarterly journal of economics, 124 (4): 1403 - 1448.

IACOVIELLO M, PAVAN M, 2013. Housing and debt over the life cycle and over the business cycle. Journal of monetary economics, 60 (2): 221 - 238.

IACOVIELLO M, 2015. Financial business cycles. Review of economic dynamics, 18 (1): 140 - 163.

IACOVIELLO M, 2005. House prices, borrowing constraints, and monetary policy in the business cycle. American economic review, 95 (3): 739 - 764.

IMF, 2015. Vulnerabilities, legacies, and policy challenges risks rotating to emerging markets [R]. IMF Global Financial Stability Report.

KIYOTAKI N, MOORE J, 1997. Credit cycles [J]. Journal of political economy, 105 (2): 211 – 248.

KORINEK A, SIMSEK A, 2016. Liquidity trap and excessive leverage [J]. American economic review, 106 (3): 699 – 738.

KYDLAND F E, PRESCOTT E C, 1982. Time to build and aggregate fluctuations [J]. Econometrica. 50 (6): 1345 – 1370.

LAMONT O, STEIN J C, 1999. Leverage and house – price dynamics in US cities [J]. The rand journal of economics, 30 (3): 498.

LAW S H, SINGH N, 2014. Does too much finance harm economic growth? [J]. Journal of banking & finance, 41: 36 – 44.

LIU Z, WANG P F, ZHA T, 2013. Land – price dynamics and macroeconomic fluctuations [J]. Econometrica, 81 (3): 1147 – 1184.

LONG J B, PLOSSER C, 1983. Real business cycles [J]. Journal of political economy, 91 (1): 39 – 69.

LUCASR E, 1972. Expectations and the neutrality of money [J]. Journal of economic theory, 4 (2): 103 – 124

MANGANELLI S, POPOV A, 2015. Financial development, sectoral reallocation, and volatility: international evidence [J]. Journal of international economics, 96 (2): 323 – 337.

MELTZER A H, 1960. Mercantile credit, monetary policy, and size of firms [J]. Review of economics and statistics, 42 (4): 429 – 437.

MERTENS K, RAVN M O, 2011. Leverage and the financial accelerator in a liquidity trap [J]. American economic review, 101 (3): 413 – 416.

MIAN A, SUFI A, 2011. House prices, home equity – based borrowing, and the US household leverage crisis [J]. American economic review, 101 (5): 2132 – 2156.

MISHKIN F S, 1995. Symposium on the monetary transmission mechanism [J]. Journal of economic perspectives, 9 (4): 3 – 10.

MODIGLIANI F, MILLER MH, 1958. The cost of capital, corporation finance and the theory of investment [J]. American economic review, 48 (3): 261 – 297.

MUTH J F, 1961. Rational expectations and the theory of price movements [J].

Econometrica, 29 (3): 315 – 335.

ORTALO – MAGNÉ F, RADY S, 2008. Heterogeneity within communities: a stochastic model with tenure choice [J]. Journal of urban economics, 64 (1): 1 – 17.

PLOSSER C I, 1989. Understanding real business cycles [J]. Journal of economic perspectives, 3 (3): 51 – 77.

REINHART C M, ROGOFF K S, 2010. Growth in a time of debt. American Economic Review, 100 (2): 573 – 578.

RESTUCCIA D, ROGERSON R, 2008. Policy distortions and aggregate productivity with heterogeneous establishments [J]. Review of economic dynamics, 11 (4): 707 – 720.

SCHULARICK M, TAYLOR A M, 2012. Credit booms gone bust: Monetary policy, leverage cycles, and financial crises, 1870 – 2008 [J]. American economic review, 102 (2): 1029 – 1061.

SIMS C A, 1980. Comparison of interwar and postwar business cycles: monetarism reconsidered [J]. American economic review, 70 (2): 250 – 257.

SINAI T, SOULELES N S, 2005. Owner – occupied housing as a hedge against rent risk [J]. Quarterly journal of economics, 120 (2): 763 – 789.

SONG Z, STORESLETTEN K, ZILIBOTTI F, 2011. Growing like China [J]. American economic review, 101 (1): 196 – 233.

STEIN J C, 1995. Prices and trading volume in the housing market: a model with down – payment effects [J]. Quarterly journal of economics, 110 (2): 379 – 406.

TAYLOR J B, 1995. The monetary transmission mechanism: an empirical framework [J]. Journal of economic perspectives, 9 (4): 11 – 26.

WANG R, HOU J, HE X B, 2017. Real estate price and heterogeneous investment behavior in China [J]. Economic modelling, 60: 271 – 280.

YELLEN J, 2016. Macroeconomic research after the crisis [Z]. Speech at the 60th annual economic conference sponsored by the Federal Reserve Bank of Boston.